QU'EST-CE QUE

LE

SPIRITISME

INTRODUCTION

A LA CONNAISSANCE DU MONDE INVISIBLE

PAR LES MANIFESTATIONS DES ESPRITS

CONTENANT

LE RÉSUMÉ DES PRINCIPES DE LA DOCTRINE SPIRITE, ET LA RÉPONSE
AUX PRINCIPALES OBJECTIONS

PAR

ALLAN KARDEC

Auteur du Livre des Esprits, du Livre des Médiums,
l'Évangile selon le Spiritisme,
le Ciel et l'Enfer et la Genèse, fondateur de la Revue spirite

Hors la Charité, point de salut.

QUARANTIÈME ÉDITION

PARIS

Librairie des Sciences psychiques

42, RUE SAINT-JACQUES, 42

Tous droits réservés.

LA REVUE SPIRITE

JOURNAL
D'ÉTUDES PSYCHOLOGIQUES

et de

SPIRITUALISME EXPÉRIMENTAL

Publication mensuelle

Fondée en 1858 par ALLAN KARDEC, elle est le journal le plus ancien et celui qui a contribué le plus à la propagation de la doctrine du Maître, instituée d'après les instructions des Esprits. Elle doit être lue par tous ceux qui veulent être tenus au courant des découvertes métapsychiques faites par la Science et de tous les faits nouveaux qui aident au grand mouvement qui se produit actuellement en faveur de l'immortalité de l'âme et de la possibilité des rapports entre les morts et les vivants.

La Revue Spirite comprend 32 pages de texte et des pages d'annonces réservées aux ouvrages les plus réputés. On y trouve des articles philosophiques et moraux, des études et conférences, des extraits choisis d'auteurs en renom, des nouvelles et actualités et des communications médiumniques d'intérêt général. Certains numéros sont illustrés. Chaque année forme un fort et beau volume de près de 400 pages. Collection depuis 1858. Prix spécial pour la collection entière.

Paraît le 15 — PRIX DE L'ABONNEMENT — Le N° 1 franc

France et Colonies françaises..........	**10** fr.	par an
Europe................................	**12**	—
Outre-Mer.............................	**14**	—

Les abonnements partent de Janvier et Juillet. Ils se paient d'avance en un mandat-poste où un chèque sur Paris à l'ordre de M. PAUL LEYMARIE, 42, rue Saint-Jacques, Paris-V^e. — Tél. Gob. 19-53. — Métro-Odéon ou Saint-Michel.

QU'EST-CE QUE

LE

SPIRITISME

Livres Fondamentaux de la Doctrine Spirite

Par **Allan KARDEC** (Prix : **3 fr. 50**)

plus une majoration provisoire de 1 fr. 25 par volume

FRAIS D'ENVOI EN PLUS

Le Livre des Esprits, partie philosophique, contient les principes de la doctrine spirite sur l'immortalité de l'âme, la nature des esprits et leurs rapports avec les hommes, les lois morales, la vie présente, la vie future et l'avenir de l'humanité selon l'enseignement donné par les Esprits. 57ᵉ édition, in-16, 475 pages.

Le Livre des Médiums, partie expérimentale, ou guide des médiums et des évocateurs, contient l'enseignement spécial des esprits sur la théorie de tous les genres de manifestations, les moyens de communiquer avec le monde invisible, le développement de la médiumnité, les difficultés et les écueils que l'on peut rencontrer dans la pratique du spiritisme. 50ᵉ édition, in-16, 510 pages.

L'Évangile selon le Spiritisme, contient l'explication des maximes morales du Christ, leur concordance avec le spiritisme et leur application aux diverses positions de la vie. 48ᵉ édition, in-16, 450 pages.

Le Ciel et l'Enfer ou la Justice divine selon le Spiritisme, contient l'examen comparé des doctrines sur le passage de la vie corporelle à la vie spirituelle, les peines et les récompenses futures, les anges et les démons, les peines éternelles, etc., suivi de nombreux exemples sur la situation réelle de l'âme pendant et après la mort. 21ᵉ édit., 500 pages.

La Genèse, les Miracles et les Prédictions selon le Spiritisme, contient le rôle de la science dans la Genèse, les systèmes du monde, anciens et modernes; l'Esquisse géologique de la terre; la Théorie de la terre, etc., etc. 15ᵉ édition, 465 pages.

Œuvres posthumes. Ce livre comprend la biographie d'Allan Kardec, sa profession de foi spirite raisonnée, comment il est devenu spirite; aussi les divers phénomènes auxquels il a assisté. 6ᵉ édition.

Qu'est-ce que le Spiritisme? *Introduction à la connaissance du monde invisible par les manifestations des Esprits.* In-16 de 180 pages. Prix majoré **2 fr. 50**.

QU'EST-CE QUE

LE

SPIRITISME

INTRODUCTION

A LA CONNAISSANCE DU MONDE INVISIBLE

PAR LES MANIFESTATIONS DES ESPRITS

CONTENANT

LE RÉSUMÉ DES PRINCIPES DE LA DOCTRINE SPIRITE, ET LA RÉPONSE

AUX PRINCIPALES OBJECTIONS

PAR

ALLAN KARDEC

Auteur du Livre des Esprits, du Livre des Médiums,
l'Évangile selon le Spiritisme,
le Ciel et l'Enfer et la Genèse, fondateur de la Revue spirite

Hors la Charité, point de salut.

QUARANTIÈME ÉDITION

PARIS

Librairie des Sciences psychiques

42, RUE SAINT-JACQUES, 42

Tous droits réservés.

Union Spirite Française

Villa Montmorency, 28, Av. des Sycomores. Paris-Auteuil

Président d'honneur : Léon Denis. *Président* : Gabriel Delanne

Téléphone : Auteuil 25-11

Le but de l'Union est de fédérer tous les groupes ou personnes isolées dans les villes ou les campagnes de France et des colonies; de les unir dans un lien fraternel pour l'étude au point de vue scientifique et moral des phénomènes spirites et des grands problèmes de l'au. delà. Jamais œuvre ne vint plus à propos que celle-ci, au lendemain de la grande guerre qui a accumulé partout tant de désastres et tant de deuils. Le spiritisme, en montrant que tout ne finit pas sur cette terre, et que l'on peut encore, dès ici-bas, communiquer avec les disparus sublimes qui ont tout sacrifié pour nous, est appelé à répandre partout la consolation en même temps que la confiance qui doit aider au relèvement de notre chère patrie. Aussi de toutes parts, de nombreuses adhésions arrivent au Comité Directeur installé à la Villa Montmorency en vue de réaliser une unité d'action complète qui amènera le triomphe de nos idées.

Le minimum de cotisation fixé à 6 francs par an, permet à tout le monde de faire partie de l'Union et de contribuer à cette belle œuvre. La Société qui s'occupe de créer une bibliothèque, reçoit avec gratitude les livres pouvant aider à la propagande spirite que les amis de l'œuvre veulent bien lui faire parvenir.

PRÉAMBULE

Les personnes qui n'ont du spiritisme qu'une connaissance superficielle, sont naturellement portées à faire certaines questions dont une étude complète leur donnerait sans doute la solution; mais le temps, et souvent la volonté, leur manquent pour se livrer à des observations suivies. On voudrait, avant d'entreprendre cette tâche, savoir au moins ce dont il s'agit, et si cela vaut la peine de s'en occuper. Il nous a donc paru utile de présenter, dans un cadre restreint, la réponse à quelques-unes des questions fondamentales qui nous sont journellement adressées; ce sera, pour le lecteur, une première initiation, et, pour nous, du temps gagné par la dispense de répéter constamment la même chose.

Le premier chapitre contient, sous forme d'entretiens, la réponse aux objections les plus ordinaires de la part de ceux qui ignorent les premiers fondements de la doctrine, ainsi que la réfutation des principaux arguments de ses contradicteurs. Cette forme nous a paru la plus convenable, parce qu'elle n'a pas l'aridité de la forme dogmatique.

Le second chapitre est consacré à l'exposé sommaire des parties de la science pratique et expérimentale sur lesquelles, à défaut d'une instruction complète, l'observateur novice doit porter son attention pour juger en connaissance de cause; c'est en quelque sorte le résumé du *livre des médiums*. Les objections naissent le plus souvent des idées fausses que l'on se fait, a *priori*, sur ce que l'on ne connaît pas; rectifier ces idées, c'est aller au-devant des objections : tel est le but de ce petit écrit.

Le troisième chapitre peut être considéré comme le résumé du *Livre des Esprits;* c'est la solution, par la doctrine spirite, d'un certain nombre de problèmes du plus haut intérêt, de l'ordre psychologique, moral et philosophique, que l'on se pose journellement, et dont aucune philosophie n'a encore donné de solutions satisfaisantes. Qu'on essaie de les résoudre par toute autre théorie et sans la clef qu'en fournit le spiritisme, et l'on verra quelles sont les réponses les plus logiques et qui satisfont le mieux la raison.

Cet aperçu est non-seulement utile pour les novices qui pourront y puiser en peu de temps et à peu de frais les notions les plus essentielles, mais il ne l'est pas moins pour les adeptes auxquels il fournit les moyens de répondre aux premières objections qu'on ne manque pas de leur faire, et en outre, parce qu'ils y trouveront réunis, dans un cadre restreint et sous un même coup d'œil, les principes qu'ils ne doivent jamais perdre de vue.

Pour répondre dès à présent et sommairement à la question formulée dans le titre de cet opuscule, nous dirons que :

Le Spiritisme est à la fois une science d'observation et une doctrine philosophique. Comme science pratique, il consiste dans les relations que l'on peut établir avec les Esprits; comme philosophie, il comprend toutes les conséquences morales qui découlent de ces relations.

On peut le définir ainsi :

LE SPIRITISME EST UNE SCIENCE QUI TRAITE DE LA NATURE, DE L'ORIGINE ET DE LA DESTINÉE DES ESPRITS, ET DE LEURS RAPPORTS AVEC LE MONDE CORPOREL.

QU'EST-CE QUE

LE

SPIRITISME

CHAPITRE PREMIER

PETITE CONFÉRENCE SPIRITE

PREMIER ENTRETIEN. — LE CRITIQUE

Le Visiteur. — Je vous dirai, Monsieur, que ma raison se refuse à admettre la réalité des phénomènes étranges attribués aux Esprits qui, j'en suis persuadé, n'existent que dans l'imagination. Pourtant, devant l'évidence, il faudrait bien s'incliner, et c'est ce que je ferais si je pouvais avoir des preuves incontestables. Je viens donc solliciter de votre obligeance la permission d'assister seulement à une ou deux expériences, pour n'être pas indiscret, afin de me convaincre, si c'est possible.

Allan Kardec. — Dès l'instant, Monsieur, que votre raison se refuse à admettre ce que nous regardons comme des faits acquis, c'est que vous la croyez supérieure à celle de tous les gens qui ne partagent pas vos opinions. Je ne doute pas de votre mérite et n'ai pas la prétention de mettre mon intelligence au-dessus de la vôtre; admettez donc que je me trompe, puisque c'est la raison qui vous parle, et que tout soit dit.

Le Visiteur. — Pourtant, si vous parveniez à me convaincre, moi qui suis connu pour un antagoniste de vos idées, ce serait un miracle éminemment favorable à votre cause.

A. K. — Je le regrette, Monsieur, mais je n'ai pas le don des miracles. Vous pensez qu'une ou deux séances suffiront pour vous convaincre? Ce serait, en effet, un véritable tour de force; il m'a fallu plus d'un an de travail pour être convaincu moi-même; ce qui vous prouve que, si je le suis, ce n'a pas été à la légère. D'ailleurs, Monsieur, je ne donne point de séances, et il paraît que vous vous êtes mépris sur le but de nos réunions, attendu que nous ne faisons point d'expériences en vue de satisfaire la curiosité de qui que ce soit.

Le Visiteur. — Vous ne tenez donc pas à faire des prosélytes?

A. K. — Pourquoi donc tiendrais-je à faire de vous un prosélyte si vous n'y tenez pas vous-même? Je ne force aucune conviction. Quand je rencontre des personnes sincèrement désireuses de s'instruire et qui me font l'honneur de me demander des éclaircissements, je me fais un plaisir et un devoir de leur répondre dans la limite de mes connaissances; mais quant aux antagonistes qui, comme vous, ont des convictions arrêtées, je ne fais pas une démarche pour les en détourner, attendu que je trouve assez de personnes bien disposées, sans perdre mon temps avec celles qui ne le sont pas. La conviction viendra tôt ou tard par la force des choses, et les plus incrédules seront entraînés par le torrent; quelques partisans de plus ou de moins ne font rien pour le moment dans la balance; c'est pourquoi vous ne me verrez jamais m'échauffer la bile pour amener à nos idées ceux qui ont d'aussi bonnes raisons que vous pour s'en éloigner.

Le Visiteur. — Il y aurait cependant à me convaincre plus d'intérêt que vous ne le croyez. Voulez-vous me permettre de m'expliquer avec franchise et me promettre de ne pas vous offenser de mes paroles? Ce sont mes idées sur la chose et non sur la personne à laquelle je m'adresse; je puis respecter la personne sans partager son opinion.

A. K. — Le spiritisme m'a appris à faire bon marché des mesquines susceptibilités d'amour-propre, et à ne pas m'offenser pour des mots. Si vos paroles sortent des bornes de l'urbanité et des convenances, j'en conclurai que vous êtes un homme mal élevé : voilà tout. Quant à moi j'aime mieux laisser aux autres les torts que de les partager. Vous voyez, par cela seul, que le spiritisme sert à quelque chose.

Je vous l'ai dit, Monsieur, je ne tiens nullement à vous faire partager mon opinion; je respecte la vôtre, si elle est sincère, comme je désire qu'on respecte la mienne. Puisque vous traitez le spiritisme de rêve creux, vous vous êtes dit en venant chez moi : Je vais voir un fou. Avouez-le franchement, je ne m'en formaliserai pas. Tous les spirites sont des fous, c'est chose convenue. Eh bien! Monsieur, puisque vous regardez cela comme une maladie mentale, je me ferais un scrupule de vous la communiquer, et je m'étonne qu'avec une telle pensée, vous demandiez à acquérir une conviction qui vous rangerait parmi les fous. Si vous êtes persuadé d'avance de ne pouvoir être convaincu, votre démarche est inutile, car elle n'a pour but que la curiosité. Abrégeons donc, je vous prie, car je n'ai pas de temps à perdre en conversations sans objet,

Le Visiteur. — On peut se tromper, se faire illusion sans être fou pour cela.

A. K. — Tranchez le mot; dites, comme tant d'autres, que c'est une tocade qui n'aura qu'un temps; mais vous conviendrez qu'une tocade qui, en quelques années, a gagné des millions de partisans dans tous les pays, qui compte des savants de tous ordres, qui se propage de préférence dans les classes éclairées, est une singulière manie qui mérite quelque examen.

Le Visiteur. — J'ai mes idées sur ce sujet, il est vrai; mais elles ne sont pas tellement absolues que je ne consente à les sacrifier à l'évidence. Je vous disais donc, Monsieur, que vous avez un certain intérêt à me convaincre. Je vous avouerai que je dois publier un livre où je me propose de démontrer *ex professo* (sic) ce que je regarde comme une erreur; et comme ce livre doit avoir une grande portée et battre en brèche les Esprits, si j'arrivais à être convaincu, je ne le publierais pas.

A. K. — Je serais désolé, Monsieur, de vous priver du bénéfice d'un livre qui doit avoir une grande portée; je n'ai, du reste, aucun intérêt à vous empêcher de le faire; je lui souhaite, au contraire, une très grande vogue, attendu que cela nous tiendra lieu de prospectus et d'annonces. Quand une chose est attaquée, cela éveille l'attention; il y a beaucoup de gens qui veulent voir le pour et le contre, et la critique la fait connaître de ceux mêmes qui n'y songeaient pas; c'est ainsi qu'on fait souvent de la réclame sans le vouloir au profit de ceux auxquels on veut nuire. La question des Esprits est, d'ailleurs, si palpitante d'intérêt; elle pique la curiosité à un tel point, qu'il suffit de la signaler à l'attention pour donner l'envie de l'approfondir (1).

(1) Depuis cet entretien, écrit en 1859, l'expérience est venue largement démontrer la justesse de cette proposition.

Le Visiteur. — Alors, selon vous, la critique ne sert à rien, l'opinion publique ne compte pour rien?

A. K. — Je ne regarde pas la critique comme l'expression de l'opinion publique, mais comme une opinion individuelle qui peut se tromper. Lisez l'histoire, et voyez combien de chefs-d'œuvre ont été critiqués à leur apparition, ce qui ne les a pas empêchés de rester des chefs-d'œuvre; quand une chose est mauvaise, tous les éloges possibles ne la rendront pas bonne. *Si le spiritisme est une erreur, il tombera de lui-même; si c'est une vérité, toutes les diatribes n'en feront pas un mensonge.* Votre livre sera une appréciation personnelle à votre point de vue; la véritable opinion publique jugera si vous avez vu juste. Pour cela on voudra voir; et, si plus tard, il est reconnu que vous vous êtes trompé, votre livre sera ridicule comme ceux que l'on a publiés naguère contre la théorie de la circulation du sang, de la vaccine, etc.

Mais j'oublie que vous devez traiter la question *ex professo*, ce qui veut dire que vous l'avez étudiée sous toutes ses faces; que vous avez vu tout ce qu'on peut voir, lu tout ce qui a été écrit sur la matière, analysé et comparé les diverses opinions; que vous vous êtes trouvé dans les meilleures conditions pour observer par vous-même; que vous y avez consacré vos veilles pendant des années; en un mot, que vous n'avez rien négligé pour arriver à la constatation de la vérité. Je dois croire qu'il en est ainsi si vous êtes un homme sérieux, car celui qui a fait tout cela a seul le droit de dire qu'il parle en connaissance de cause.

Que penseriez-vous d'un homme qui s'érigerait en censeur d'une œuvre littéraire sans connaître la littérature, d'un tableau sans avoir étudié la peinture? Il est de logique élémentaire que le critique doit connaître, non pas superficiellement, mais à fond, ce dont il parle, sans cela son opinion est sans valeur. Pour combattre un calcul, il faut opposer un autre calcul, mais pour cela il faut savoir calculer. Le critique ne doit pas se borner à dire que telle chose est bonne ou mauvaise, il faut qu'il justifie son opinion par une démonstration claire et catégorique, basée sur les principes mêmes de l'art ou de la science. Comment peut-il le faire s'il ignore ces principes? Pourriez-vous apprécier les qualités ou les défauts d'une machine si vous ne connaissez pas la mécanique? Non; eh bien! votre jugement sur le spiritisme, que vous ne connaissez pas, n'aurait pas plus de valeur que celui que vous porteriez sur cette machine. Vous seriez à chaque instant pris en flagrant délit d'ignorance, car ceux qui l'auront étudié verront tout de suite que vous êtes hors de la question; d'où l'on conclura, ou que vous n'êtes pas un homme sérieux, ou que vous n'êtes pas de bonne foi; dans l'un et l'autre cas, vous vous exposeriez à recevoir des démentis peu flatteurs pour votre amour-propre.

Le Visiteur. — C'est précisément pour éviter cet écueil que je suis venu vous prier de me permettre d'assister à quelques expériences.

A. K. — Et vous pensez que cela vous suffira pour parler du spiritisme *ex professo?* Mais comment pourriez-vous comprendre ces expériences, à plus forte raison les juger, si vous n'avez pas étudié les principes qui leur servent de base? Comment pourriez-vous apprécier le résultat, satisfaisant ou non, d'essais métallurgiques, par exemple, si vous ne connaissez pas à fond la métallurgie? Permettez-moi de vous dire, Monsieur, que votre projet est absolument comme si, ne sachant ni les mathématiques, ni l'astronomie, vous alliez dire à l'un de ces Messieurs de l'Observatoire : Monsieur, je veux faire un livre sur l'astronomie, et de plus prouver que votre système est faux ; mais comme je n'en sais pas le premier mot, laissez-moi regarder une ou deux fois à travers vos lunettes ; cela me suffira pour en savoir autant que vous.

Ce n'est que par extension que le mot *critiquer* est synonyme de *censurer ;* dans son acception propre, et d'après son étymologie, il signifie *juger, apprécier.* La critique peut donc être approbative ou désapprobative. Faire la critique d'un livre n'est pas nécessairement le condamner ; celui qui entreprend cette tâche doit le faire sans idées préconçues ; mais si avant d'ouvrir le livre il l'a déjà condamné dans sa pensée, son examen ne peut être impartial.

Tel est le cas de la plupart de ceux qui ont parlé du spiritisme. Sur le mot seul ils se sont formé une opinion et ont fait comme un juge qui rendrait un arrêt sans se donner la peine d'examiner les pièces. Il en est résulté que leur jugement a porté à faux, et qu'au lieu de persuader ils ont fait rire. Quant à ceux qui ont sérieusement étudié la question, la plupart ont changé d'avis et plus d'un adversaire en est devenu partisan, quand il a vu qu'il s'agissait de toute autre chose que ce qu'il avait cru.

Le Visiteur. — Vous parlez de l'examen des livres en général ; croyez-vous qu'il soit matériellement possible à un journaliste de lire et d'étudier tous ceux qui lui passent par les mains, surtout quand il s'agit de théories nouvelles qu'il lui faudrait approfondir et vérifier ? Autant vaudrait exiger d'un imprimeur qu'il lût tous les ouvrages qui sortent de ses presses.

A. K. — A un raisonnement si judicieux je n'ai rien à répondre, sinon que quand on n'a pas le temps de faire consciencieusement une chose, on ne s'en mêle pas, et qu'il vaut mieux n'en faire qu'une seule bien que d'en faire dix mal.

Le Visiteur. — Ne croyez pas, Monsieur, que mon opinion se soit formée à la légère. J'ai vu des tables tourner et frapper ; des personnes qui étaient censées écrire sous l'influence des Esprits ; mais je suis convaincu qu'il y avait du charlatanisme.

A. K. — Combien avez-vous payé pour voir cela ?

Le Visiteur. — Rien du tout, assurément.

A. K. — Alors voilà des charlatans d'une singulière espèce, et qui vont réhabiliter le mot. Jusqu'à présent on n'avait pas encore vu des charlatans désintéressés. Si quelque mauvais plaisant a voulu s'amuser une fois par hasard, s'ensuit-il que les autres personnes fussent des compères ? D'ailleurs, dans quel but se seraient-elles rendues complices d'une mystification ? Pour amuser la société, direz-vous. Je veux bien qu'une fois on se prête à une plaisanterie ; mais quand une plaisanterie dure des mois et des années, c'est, je crois, le mystificateur qui est mystifié. Est-il probable que, pour le seul plaisir de faire croire à une chose que l'on sait être fausse, on se morfonde des heures entières sur une table ? Le plaisir n'en vaudrait pas la peine.

Avant de conclure à la fraude, il faut d'abord se demander quel intérêt on peut avoir à tromper ; or, vous conviendrez qu'il est des positions qui excluent tout soupçon de supercherie ; des personnes dont le caractère seul est une garantie de probité.

Autre chose serait s'il s'agissait d'une spéculation, parce que l'appât du gain est un mauvais conseiller ; mais en admettant même que, dans ce dernier cas, un fait de manœuvre frauduleuse soit positivement constaté, cela ne prouverait rien contre la réalité du principe, attendu qu'on peut abuser de tout. De ce qu'il y a des gens qui vendent des vins frelatés, il ne s'en suit pas qu'il n'y ait pas de vin pur. Le spiritisme n'est pas plus

responsable de ceux qui abusent de ce nom et l'exploitent, que la science médicale ne l'est des charlatans qui débitent leurs drogues, ni la religion des prêtres qui abusent de leur ministère.

Le spiritisme, par sa nouveauté et par sa nature même, devait prêter à des abus; mais il a donné les moyens de les reconnaître, en définissant clairement son véritable caractère et en déclinant toute solidarité avec ceux qui l'exploiteraient ou le détourneraient de son but exclusivement moral pour en faire un métier, un instrument de divination ou de recherches futiles.

Dès lors que le spiritisme trace lui-même les limites dans lesquelles il se renferme, précise ce qu'il dit et ce qu'il ne dit pas, ce qu'il peut et ne peut pas, ce qui est ou n'est pas dans ses attributions, ce qu'il accepte et ce qu'il répudie, le tort est à ceux qui, ne se donnant pas la peine de l'étudier, le jugent sur des apparences; qui, parce qu'ils rencontrent des saltimbanques s'affublant du nom de *Spirites* pour attirer les passants, diront gravement : Voilà ce qu'est le spiritisme. Sur qui, en définitive, retombe le ridicule? Ce n'est pas sur le saltimbanque qui fait son métier, ni sur le spiritisme dont la doctrine écrite dément de pareilles assertions, mais bien sur les critiques convaincus de parler de ce qu'ils ne savent pas, ou d'altérer sciemment la vérité. Ceux qui attribuent au spiritisme ce qui est contre son essence même, le font, ou par ignorance ou avec intention; dans le premier cas, c'est de la légèreté; dans le second, c'est de la mauvaise foi. Dans ce dernier cas, ils ressemblent à certains historiens qui altèrent les faits historiques dans l'intérêt d'un parti ou d'une opinion. Un parti se discrédite toujours par l'emploi de pareils moyens, et manque son but.

Remarquez bien, Monsieur, que je ne prétends pas que la critique doive nécessairement approuver nos idées,

même après les avoir étudiées; nous ne blâmons nullement ceux qui ne pensent pas comme nous. Ce qui est évident pour nous, peut ne pas l'être pour tout le monde; chacun juge les choses à son point de vue, et du fait le plus positif tout le monde ne tire pas les mêmes conséquences. Si un peintre, par exemple, met dans son tableau un cheval blanc, quelqu'un pourra très bien dire que ce cheval fait un mauvais effet, et qu'un noir eût mieux convenu; mais son tort sera de dire que le cheval est blanc s'il est noir; c'est ce que font la plupart de nos adversaires.

En résumé, Monsieur, chacun est parfaitement libre d'approuver ou de critiquer les principes du spiritisme, d'en déduire telles conséquences bonnes ou mauvaises qu'il lui plaira, mais la conscience fait un devoir à tout critique sérieux de ne pas dire le contraire de ce qui est; or, pour cela, la première condition est de ne parler que de ce qu'on sait.

Le Visiteur. — Revenons, je vous prie, aux tables mouvantes et parlantes. Ne se pourrait-il pas qu'elles fussent préparées?

A. K. — C'est toujours la question de bonne foi à laquelle j'ai répondu. Lorsque la supercherie sera prouvée, je vous l'abandonne; si vous signalez des faits *avérés* de fraude, de charlatanisme, d'exploitation, ou d'abus de confiance, je les livre à vos fustigations, vous déclarant d'avance que je n'en prendrai pas la défense, parce que le spiritisme sérieux est le premier à les répudier, et que signaler les abus, c'est aider à les prévenir et lui rendre service. Mais généraliser ces accusations, déverser sur une masse de gens honorables la réprobation que méritent quelques individus isolés, c'est un abus d'un autre genre, car c'est de la calomnie.

En admettant, comme vous le dites, que les tables

fussent préparées, il faudrait un mécanisme bien in-
génieux pour faire exécuter des mouvements et des
bruits si variés. Comment se fait-il qu'on ne connaisse
pas encore le nom de l'habile fabricant qui les confec-
tionne? Il devrait cependant avoir une bien grande
célébrité, puisque ces appareils sont répandus dans
les cinq parties du monde. Il faut convenir aussi que
son procédé est bien subtil, puisqu'il peut s'adapter
à la première table venue sans aucune trace extérieure. Comment se fait-il que depuis Tertulien qui, lui
aussi, a parlé des tables tournantes et parlantes, jusqu'à présent personne n'a pu le voir ni le décrire?

Le Visiteur. — Voilà ce qui vous trompe. Un célèbre chirurgien a reconnu que certaines personnes
peuvent, par la contraction d'un muscle de la jambe,
produire un bruit pareil à celui que vous attribuez
à la table ; d'où il conclut que vos médiums s'amusent aux dépens de la crédulité.

A. K. — Alors si c'est un craquement de muscle,
ce n'est pas la table qui est préparée. Puisque chacun
explique cette prétendue supercherie à sa manière,
c'est la preuve la plus évidente que ni les uns ni les
autres ne connaissent la véritable cause.

Je respecte la science de ce savant chirurgien, seulement il se présente quelques difficultés dans l'application aux tables parlantes du fait qu'il signale.
La première, c'est qu'il est singulier que cette faculté,
jusqu'à présent exceptionnelle, et regardée comme
un cas pathologique, soit tout à coup devenue si
commune ; la seconde, qu'il faut avoir une bien ro-
buste envie de mystifier pour faire craquer son muscle pendant deux ou trois heures de suite, quand
cela ne rapporte rien que de la fatigue et de la dou-
leur ; la troisième, que je ne vois pas trop comment
ce muscle correspond aux portes et aux murailles
dans lesquelles les coups se font entendre ; la quatrième

enfin, qu'il faut à ce muscle craqueur une propriété bien merveilleuse pour faire mouvoir une lourde table, la soulever, l'ouvrir, la fermer; la maintenir en suspension sans point d'appui, et finalement la faire briser en tombant. On ne se doutait guère que ce muscle eût tant de vertus. (*Revue Spirite*, juin 1859, page 141 : Le muscle craqueur.)

Le célèbre chirurgien dont vous parlez a-t-il étudié le phénomène de la typtologie sur ceux qui le produisent? Non; il a constaté un effet physiologique anormal chez quelques individus qui ne se sont jamais occupés de tables frappantes, ayant une certaine analogie avec celui qui se produit dans les tables, et, sans plus ample examen, il conclut, de toute l'autorité de sa science, que tous ceux qui font parler les tables doivent avoir la propriété de faire craquer leur muscle court péronier, et ne sont que des faiseurs de dupes, qu'ils soient princes ou artisans, qu'ils se fassent payer ou non. A-t-il au moins étudié le phénomène de la typtologie dans toutes ses phases? A-t-il vérifié si, à l'aide de ce craquement musculaire, on pouvait produire tous les effets typtologiques? Pas davantage, sans cela il se serait convaincu de l'insuffisance de son procédé; ce qui ne l'a pas empêché de proclamer sa découverte en plein Institut. Ne voilà-t-il pas, pour un savant, un jugement bien sérieux! Qu'en reste-t-il aujourd'hui? Je vous avoue que, si j'avais à subir une opération chirurgicale, j'hésiterais fort à me confier à ce praticien, car je craindrais qu'il ne jugeât pas mon mal avec plus de perspicacité.

Puisque ce jugement est une des autorités sur lesquelles vous semblez devoir vous appuyer pour battre en brèche le spiritisme, cela me rassure complétement sur la force des autres arguments que vous ferez valoir si vous ne les puisez pas à des sources plus authentiques.

Le Visiteur. — Vous voyez pourtant que la mode des tables tournantes est passée ; pendant un temps c'était une fureur ; aujourd'hui on ne s'en occupe plus. Pourquoi cela, si c'est une chose sérieuse ?

A. K. — Parce que des tables tournantes est sortie une chose plus sérieuse encore ; il en est sorti toute une science, **toute** une doctrine philosophique bien autrement intéressante pour les hommes qui réfléchissent. Quand ceux-ci n'ont plus rien eu à apprendre en voyant tourner une table, ils ne s'en sont plus occupés. Pour les gens futiles qui n'approfondissent rien, c'était un passe-temps, un jouet qu'ils ont laissé quand ils en ont eu assez ; ces personnes ne comptent pour rien en science. La période de curiosité a eu son temps : celle de l'observation lui a succédé. Le spiritisme est alors entré dans le domaine des gens sérieux qui ne s'en amusent pas, mais qui s'instruisent. Aussi les personnes qui en font une chose grave ne se prêtent à aucune expérience de curiosité, et encore moins pour ceux qui y viendraient avec des pensées hostiles ; comme elles ne s'amusent pas elles-mêmes, elles ne cherchent pas à amuser les autres ; et je suis de ce nombre.

Le Visiteur. — Il n'y a pourtant que l'expérience qui puisse convaincre, dût-on, en commençant, n'avoir qu'un but de curiosité. Si vous n'opérez qu'en présence de gens convaincus, permettez-moi de vous dire que vous prêchez des convertis.

A. K. — Autre chose est d'être convaincu, ou d'être disposé à se convaincre ; c'est à ces derniers que je m'adresse, et non à ceux qui croient humilier leur raison en venant écouter ce qu'ils appellent des rêveries. De ceux-là je ne me préoccupe pas le moins du monde. Quant à ceux qui disent avoir le désir sincère de s'éclairer, la meilleure manière de le prouver, c'est de montrer de la persévérance; on les reconnaît à d'autres signes qu'au désir de voir une ou deux expériences : ceux-là veulent travailler sérieusement.

La conviction ne se forme qu'à la longue, par une suite d'observations faites avec un soin tout particulier. Les phénomènes spirites diffèrent essentiellement de ceux que présentent nos sciences exactes : ils ne se produisent pas à volonté; il faut les saisir au passage; c'est en voyant beaucoup et longtemps qu'on découvre une foule de preuves qui échappent à la première vue, surtout quand on n'est pas familiarisé avec les conditions dans lesquelles elles peuvent se rencontrer, et encore plus quand on y apporte un esprit de prévention. Pour l'observateur assidu et réfléchi, les preuves abondent : pour lui, un mot, un fait insignifiant en apparence peut être un trait de lumière, une confirmation; pour l'observateur superficiel et de passage, pour le simple curieux, elles sont nulles; voilà pourquoi je ne me prête pas à des expériences sans résultat probable.

Le Visiteur. — Mais enfin il faut un commencement à tout. Le novice, qui est une table rase, qui n'a rien vu, mais qui veut s'éclairer, comment peut-il le faire, si vous ne lui en donnez pas les moyens?

A. K. — Je fais une grande différence entre l'incrédule par ignorance et l'incrédule par système; quand je vois en quelqu'un des dispositions favorables, rien ne me coûte pour l'éclairer; mais il y a des gens chez qui le désir de s'instruire n'est qu'un faux semblant : avec ceux-là on perd son temps; car s'ils ne trouvent pas tout d'abord ce qu'ils ont l'air de chercher, et ce qu'ils seraient peut-être fâchés de trouver, le peu qu'ils voient est insuffisant pour détruire leurs préventions; ils le jugent mal et en font un sujet de dérision qu'il est inutile de leur fournir.

A celui qui a le désir de s'instruire, je dirai : « On ne peut pas faire un cours de spiritisme expérimental commé on fait un cours de physique et de chimie, attendu qu'on est jamais maître de produire les phénomènes à son gré, et que les intelligences qui en sont les agents déjouent souvent toutes nos prévisions. Ceux que vous pourriez voir accidentellement ne présentant aucune suite, aucune liaison nécessaire, seraient peu intelligibles pour vous. Instruisez-vous d'abord par la théorie; lisez et méditez les ouvrages qui traitent de cette science, là vous en apprendrez les principes, vous trouverez la description de tous les phénomènes, vous en comprendrez la possibilité par l'explication qui en est donnée, et par le récit d'une foule de faits spontanés dont vous avez pu être témoin à votre insu et qui vous reviendront à la mémoire; vous vous édifierez sur toutes les difficultés qui peuvent se présenter, et vous vous formerez ainsi une première conviction morale. Alors, quand les circonstances se présenteront de voir ou d'opérer par vous-même, vous comprendrez, quel que soit l'ordre dans lequel les faits se présenteront, parce que rien ne vous sera étranger. »

Voilà, Monsieur, ce que je conseille à toute personne qui dit vouloir s'instruire, et à sa réponse il est aisé de voir s'il y a chez elle autre chose que de la curiosité.

DEUXIEME ENTRETIEN. — LE SCEPTIQUE.

Le Visiteur. — Je comprends, Monsieur, l'utilité de l'étude préalable dont vous venez de parler. Comme prédisposition personnelle, je ne suis ni pour ni contre le spiritisme, mais que le sujet, par lui-même, excite au plus haut point mon intérêt. Dans le cercle de mes connaissances se trouvent des partisans, mais aussi des adversaires; j'ai entendu à cet égard des arguments très contradictoires; je me proposais de vous soumettre quelques-unes des objections qui ont été faites en ma présence, et qui me semblent avoir une certaine valeur, pour moi du moins qui confesse mon ignorance.

Allan Kardec. — Je me fais un plaisir, monsieur, de répondre aux questions que l'on veut bien m'adresser, quand elles sont faites avec sincérité et sans arrière-pensée, sans me flatter, cependant, de pouvoir les résoudre toutes. Le spiritisme est une science qui vient de naître et où il y a encore bien à apprendre; il serait donc par trop présomptueux à moi de prétendre lever toutes les difficultés : je ne puis dire que ce que je sais.

Le spiritisme touche à toutes les branches de la philosophie, de la métaphysique, de la psychologie et de la morale; c'est un champ immense qui ne peut être parcouru en quelques heures. Or vous comprenez, monsieur, qu'il me serait matériellement impossible de répéter de vive voix et à chacun en particulier tout ce que j'ai écrit sur ce sujet à l'usage de tout le monde. Dans une lecture sérieuse préalable, on trouvera, d'ailleurs, la réponse à la plupart des questions qui viennent naturellement à la pensée; elle a le double avantage d'éviter des répétitions inutiles, et de prouver un désir sérieux de s'instruire. Si, après cela, il reste encore des doutes ou des points obscurs, l'explication en devient plus facile, parce qu'on s'appuie sur quelque chose, et l'on ne perd pas son temps à revenir sur les principes les plus élémentaires. Si vous le permettez, nous nous bornerons donc, jusqu'à nouvel ordre, à quelques questions générales.

Le Visiteur. — Soit; veuillez, je vous prie, me rappeler à l'ordre si je m'en écarte.

SPIRITISME ET SPIRITUALISME.

Je vous demanderai d'abord quelle nécessité il y avait
à créer les mots nouveaux de *spirite, spiritisme* pour remplacer ceux de *spiritualisme, spiritualiste* qui sont dans
la langue vulgaire et compris de tout le monde? J'enten-
dais quelqu'un traiter ces mots de *barbarismes.*

A. K. — Le mot *spiritualiste* a depuis longtemps une
acception bien déterminée; c'est l'Académie qui nous la
donne : SPIRITUALISTE, *celui ou celle dont la doctrine est
opposée au matérialisme.* Toutes les religions sont nécessairement fondées sur le spiritualisme. Quiconque croit
qu'il y a en nous autre chose que de la matière est *spiritualiste,* ce qui n'implique pas la croyance aux Esprits et
à leurs manifestations. Comment le distinguerez-vous de
celui qui y croit? Il faudra donc employer une périphrase
et dire : C'est un spiritualiste qui croit ou ne croit pas
aux Esprits. Pour les choses nouvelles, il faut des mots
nouveaux, si l'on veut éviter les équivoques. Si j'avais
donné à ma REVUE la qualification de *Spiritualiste,* je
n'en aurais nullement spécifié l'objet, car, sans faillir à
mon titre, j'aurais pu ne pas dire un mot des Esprits et
même les combattre. Je lisais il y a quelque temps dans
un journal, à propos d'un ouvrage de philosophie, un
article où il était dit que l'auteur l'avait écrit au point
de vue *spiritualiste;* or, les partisans des Esprits auraient
été singulièrement désappointés si, sur la foi de cette
indication, ils avaient cru y trouver la moindre concordance avec leurs idées. Si donc j'ai adopté les mots *spirite, spiritisme,* c'est parce qu'ils expriment sans équi-
voque les idées relatives aux Esprits. Tout *spirite* est
nécessairement *spiritualiste,* mais il s'en faut que tous
les spiritualistes soient *spirites.* Les Esprits seraient une

chimère qu'il serait encore utile d'avoir des termes spéciaux pour ce qui les concerne, car il faut des mots pour les idées fausses comme pour les idées vraies.

Ces mots d'ailleurs ne sont pas plus barbares que tous ceux que les sciences, les arts et l'industrie créent chaque jour; ils ne le sont assurément pas plus que ceux que Gall a imaginés pour sa nomenclature des facultés, tels que : *Secrétivité, amativité, combativité, alimentivité, affectionivité*, etc. Il y a des gens qui, par esprit de contradiction, critiquent tout ce qui ne vient pas d'eux, et veulent se donner un air d'opposition; ceux qui soulèvent d'aussi misérables chicanes ne prouvent qu'une chose, c'est la petitesse de leurs idées. S'attaquer à des bagatelles semblables, c'est prouver qu'on est à court de bonnes raisons.

Spiritualisme, spiritualiste sont les mots anglais employés aux Etats-Unis dès le début des manifestations : on s'en est d'abord servi quelque temps en France; mais, dès que parurent ceux de *spirite, spiritisme*, on en comprit si bien l'utilité qu'ils furent immédiatement acceptés par le public. Aujourd'hui l'usage en est tellement consacré, que les adversaires eux-mêmes, ceux qui, les premiers, ont crié au barbarisme, n'en emploient pas d'autres. Les sermons et les mandements qui fulminent contre le *spiritisme* et les *spirites*, n'auraient pu, sans porter la confusion dans les idées, jeter l'anathème au *spiritualisme* et aux *spiritualistes*.

Barbares ou non, ces mots sont désormais passés dans la langue usuelle et dans toutes les langues de l'Europe; ce sont les seuls employés dans toutes les publications pour ou contre faites dans tous les pays. Ils ont formé la tête de colonne de la nomenclature de la nouvelle science; pour exprimer les phénomènes spéciaux de cette science, il fallait des termes spéciaux; le spiritisme a désormais sa nomenclature, comme la chimie a la sienne[1]

Les mots *spiritualisme* et *spiritualiste* appliqués aux manifestations des Esprits, ne sont plus employés aujourd'hui que par les adeptes de l'école dite *américaine.*

DISSIDENCES.

Le Visiteur. — Cette diversité dans la croyance de ce que vous appelez une science en est, ce me semble, la condamnation. Si cette science reposait sur des faits positifs, ne devrait-elle pas être la même en Amérique et en Europe?

A. K. — A cela je répondrai d'abord que cette divergence est plus dans la forme que dans le fond; elle ne consiste, en réalité, que dans la manière d'envisager quelques points de la doctrine, mais ne constitue pas un antagonisme radical dans les principes, comme affectent de le dire nos adversaires sans avoir étudié la question.

Mais dites-moi, quelle est la science qui, à son début, n'a soulevé des dissidences jusqu'à ce que les principes en fussent clairement établis? Ces dissidences n'existent-elles pas encore aujourd'hui dans les sciences les mieux constituées? Tous les savants sont-ils

---

1. Ces mots d'ailleurs ont aujourd'hui droit de bourgeoisie; ils sont dans le supplément du *Petit Dictionnaire des Dictionnaires français*, extrait de *Napoléon Landais*, ouvrage qui se tire à vingt mille exemplaires. On y trouve la définition et l'étymologie des mots : *erraticité, médianimique, médium, médiumnité, périsprit, pneumatographie, pneumatophonie, psychographe, psychographie, psychophonie, réincarnation, sématologie, spirite, spiritisme, spiritiste, stéréorite, typtologie.* Ils se trouvent également avec tous les développements qu'ils comportent, dans la nouvelle édition du *Dictionnaire universel* de Maurice Lachâtre.

d'accord sur le même point? N'ont-ils pas leurs systèmes particuliers? Les séances de l'Institut présentent-elles toujours le tableau d'une parfaite entente cordiale. En médecine n'y a-t-il pas l'École de Paris et celle de Montpellier? Chaque découverte dans une science n'est-elle pas l'occasion d'un schisme entre ceux qui veulent aller en avant et ceux qui veulent rester en arrière?

En ce qui concerne le spiritisme, n'est-il pas naturel qu'à l'apparition des premiers phénomènes, alors qu'on ignorait les lois qui les régissent, chacun ait donné son système et les ait envisagés à sa manière? Que sont devenus tous ces systèmes primitifs isolés? Ils sont tombés devant une observation plus complète des faits. Quelques années ont suffi pour établir l'unité grandiose qui prévaut aujourd'hui dans la doctrine et qui rallie l'immense majorité des adeptes, sauf quelques individualités qui, ici comme en toutes choses, se cramponnent aux idées primitives et meurent avec elles. Quelle est la science, quelle est la doctrine philosophique ou religieuse qui offre un pareil exemple? Le spiritisme a-t-il jamais présenté la centième partie des divisions qui ont déchiré l'Église pendant plusieurs siècles et qui la divisent encore aujourd'hui ?

Il est curieux vraiment de voir les puérilités auxquelles s'attachent les adversaires du spiritisme ; cela n'indique-t-il pas la pénurie de raisons sérieuses? S'ils en avaient, ils ne manqueraient pas de les faire valoir. Que lui opposent-ils? Des railleries, des dénégations, des calomnies; mais des arguments péremptoires, aucun; et la preuve qu'on ne lui a point encore trouvé de côté vulnérable, c'est que rien n'a arrêté sa marche ascendante et qu'après dix ans il compte plus d'adeptes que n'en a jamais compté aucune secte après un siècle. Ceci est un fait acquis à l'expérience et reconnu même par ses adversaires.

Pour le ruiner, il ne suffisait pas de dire : cela n'est pas, cela est absurde ; il fallait prouver catégoriquement que les phénomènes n'existent pas, ne peuvent pas exister; c'est ce que personne n'a fait.

PHÉNOMÈNES SPIRITES SIMULÉS.

Le Visiteur. — N'a-t-on pas prouvé qu'en dehors du spiritisme on pouvait produire ces mêmes phénomènes? D'où l'on peut conclure qu'ils n'ont pas l'origine que leur attribuent les spirites.

A. K. — De ce qu'on peut imiter une chose, s'en suit-il que la chose n'existe pas? Que diriez-vous de la logique de celui qui prétendrait que, parce qu'on fait du vin de Champagne avec de l'eau de Seltz, tout le vin de Champagne n'est que de l'eau de Seltz? C'est le privilége de toutes les choses qui ont du retentissement d'engendrer des contrefaçons. Des prestidigitateurs ont pensé que le nom de *spiritisme*, à cause de sa popularité et des controverses dont il était l'objet, pouvait être bon à exploiter, et, pour attirer la foule, ils ont simulé, plus ou moins grossièrement, quelques phénomènes de médianimité, comme naguère ils ont simulé la clairvoyance somnambulique, et tous les railleurs d'applaudir en s'écriant : Voilà ce que c'est que le spiritisme! Lorsqu'a paru l'ingénieuse production des spectres sur la scène, n'ont-ils pas proclamé partout que c'était son coup de grâce? Avant de prononcer un arrêt aussi positif, ils auraient dû réfléchir que les assertions d'un escamoteur ne sont pas des paroles d'Évangile, et s'assurer s'il y avait identité réelle entre l'imitation et la chose imitée. Il n'est personne qui achète un brillant avant de s'assurer si ce n'est pas du strass. Une étude quelque peu sérieuse les eût convaincus que les phénomènes spirites se présentent dans de tout autres conditions; ils auraient su, de plus, que les spirites ne s'occupent ni de faire apparaître des spectres, ni de dire la bonne aventure.

La malveillance et une insigne mauvaise foi ont seules pu assimiler le spiritisme à la magie et à la sorcellerie, puisqu'il en répudie le but, les pratiques, les formules et les paroles mystiques. Il en est même qui n'ont pas craint de comparer les réunions spirites aux assemblées du sabbat où l'on attend l'heure fatale de minuit pour faire apparaître les fantômes.

Un spirite de mes amis se trouvait un jour, à une représentation de *Macbeth*, à côté d'un journaliste qu'il ne connaissait pas. Lorsque vint la scène des sorcières, il entendit ce dernier dire à son voisin : « Tiens! nous allons assister à une séance de spiritisme; c'est justement ce qu'il me faut pour mon prochain article; je vais savoir comment les choses se passent. S'il y avait ici un de ces fous, je lui demanderais s'il se reconnaît dans ce tableau. » — « Je suis un de ces fous, lui dit le spirite, et je puis vous certifier que je ne m'y reconnais pas du tout, car, bien que j'aie assisté à des centaines de réunions spirites, je n'y ai jamais rien vu de semblable. Si c'est là où vous venez puiser les renseignements pour votre article, il ne brillera pas par la vérité. »

Beaucoup de critiques n'ont pas de base plus sérieuse. Sur qui tombe le ridicule, si ce n'est sur ceux qui s'avancent aussi étourdiment? Quant au spiritisme, son crédit, loin d'en souffrir, s'en est accru par le retentissement que toutes ces manœuvres lui ont donné, en appelant l'attention d'une foule de gens qui n'en avaient point entendu parler; elles ont provoqué l'examen et augmenté le nombre des adeptes, parce qu'on a reconnu qu'au lieu d'une plaisanterie, c'était une chose sérieuse.

IMPUISSANCE DES DÉTRACTEURS.

Le Visiteur. — Je conviens que parmi les détracteurs du spiritisme il y a des gens inconséquents comme celui dont vous venez de parler ; mais, à côté de ceux-là, n'y a-t-il pas des hommes d'une valeur réelle et dont l'opinion est d'un certain poids ?

A. K. — Je ne le conteste nullement. A cela je réponds que le spiritisme compte aussi dans ses rangs bon nombre d'hommes d'une valeur non moins réelle ; je dis plus. c'est que l'immense majorité des spirites se compose d'hommes d'intelligence et d'étude ; la mauvaise foi seule peut dire qu'il se recrute parmi les bonnes femmes et les ignorants.

Un fait péremptoire répond, d'ailleurs, à cette objection : c'est que, malgré leur savoir ou leur position officielle, aucun n'a réussi à arrêter la marche du spiritisme ; et pourtant il n'en est pas un, depuis le plus mince feuilletonniste, qui ne se soit flatté de lui porter le coup mortel ; que tous, sans exception, ont aidé, sans le vouloir, à le vulgariser. Une idée qui résiste à tant d'efforts, qui s'avance sans broncher à travers la grêle de traits qu'on lui lance, ne prouve-t-elle pas sa force et la profondeur de ses racines ? Ce phénomène ne mérite-t-il pas l'attention des penseurs sérieux ? Aussi plus d'un se dit-il aujourd'hui qu'il doit y avoir là quelque chose, peut-être un de ces grands mouvements irrésistible qui, de temps à autre, remuent les sociétés pour les transformer.

Ainsi en a-t-il toujours été de toutes les idées nouvelles appelées à révolutionner le monde ; elles rencontrent des obstacles, parce qu'elles ont à lutter contre les intérêts, les préjugés, les abus qu'elles viennent renverser ; mais comme elles sont dans les desseins de Dieu pour accomplir la loi du progrès de l'humanité, quand l'heure est venue, rien ne saurait les arrêter ; c'est la preuve qu'elles sont l'expression de la vérité.

Cette impuissance des adversaires du spiritisme prouve d'abord, comme je l'ai dit, l'absence de bonnes raisons, puisque celles qu'ils lui opposent ne convainquent pas ; mais elle tient à une autre cause qui déjoue toutes leurs combinaisons. Ils s'étonnent de son envahissement malgré tout ce qu'ils font pour l'arrêter : aucun n'en trouve la cause, parce qu'ils la cherchent là où elle n'est pas. Les uns la voient dans la grande puissance du diable qui se montrerait ainsi plus fort qu'eux et même que Dieu, les autres dans l'accroissement de la folie humaine. L'erreur de tous est de croire que la source du spiritisme est unique et qu'elle repose sur l'opinion d'un homme ; de là l'idée qu'en ruinant l'opinion de cet homme ils ruineront le spiritisme ; ils cherchent cette source sur la terre tandis qu'elle est dans l'espace ; elle n'est pas sur un point, elle est partout, parce que les Esprits se manifestent partout, dans tous les pays, au palais comme à la chaumière. La véritable cause est donc dans la nature même du spiritisme qui ne reçoit pas son impulsion d'un seul, mais qui permet à chacun de recevoir directement des communications des Esprits et de s'assurer ainsi de la réalité des faits. Comment persuader à des millions d'individus que tout cela n'est que jonglerie, charlatanisme, escamotage, tours d'adresse, quand ce sont eux-mêmes qui obtiennent ces résultats, sans le concours de personne ? Leur fera-t-on croire qu'ils sont leurs propres compères et font du charlatanisme ou de l'escamotage pour eux tout seuls ?

Cette universalité des manifestations des Esprits qui viennent, sur tous les points du globe, donner un démenti aux détracteurs, et confirmer les principes de la doctrine, est une force que ne peuvent pas plus comprendre ceux qui ne connaissent pas le monde invisible, que ceux qui ne connaissent pas la loi de l'électricité ne peuvent comprendre la rapidité de la transmission d'une dépêche; c'est contre cette force que viennent se briser toutes les dénégations, car c'est absolument comme si l'on disait à des gens qui reçoivent les rayons du soleil que le soleil n'existe pas.

Abstraction faite des qualités de la doctrine qui plaît plus que celles qu'on lui oppose, là est la cause des échecs que reçoivent ceux qui tentent d'en arrêter la marche; pour réussir, il leur faudrait trouver le moyen d'empêcher les Esprits de se manifester. Voilà pourquoi les spirites prennent si peu de souci de leurs manœuvres; ils ont pour eux l'expérience et l'autorité des faits.

LE MERVEILLEUX ET LE SURNATUREL

Le Visiteur. — Le spiritisme tend évidemment à faire revivre les croyances fondées sur le merveilleux et le surnaturel; or, dans notre siècle positif, cela me paraît difficile, car c'est accréditer les superstitions et les erreurs populaires dont la raison fait justice.

A. K. — Une idée n'est superstitieuse que parce qu'elle est fausse; elle cesse de l'être du moment qu'elle est reconnue vraie. La question est donc de savoir s'il y a ou non des manifestations d'Esprits; or, vous ne pouvez pas taxer la chose de superstition tant que vous n'aurez pas *prouvé* qu'elle n'existe pas. Vous direz : ma raison s'y refuse; mais tous ceux qui y croient, et qui ne sont pas des sots, invoquent aussi leur raison, et de plus des faits; laquelle des deux raisons doit l'emporter? Le grand juge, ici, c'est l'avenir, comme il l'a été dans toutes les questions scientifiques et industrielles taxées d'absurdes et d'impossibles à leur origine. Vous jugez à priori d'après votre opinion; nous, nous ne jugeons qu'après avoir vu et observé longtemps. Nous ajoutons que le spiritisme éclairé, comme il l'est aujourd'hui, tend au contraire à détruire les idées superstitieuses, parce qu'il montre ce qu'il y a de vrai ou de faux dans les croyances populaires, et tout ce que l'ignorance et les préjugés y ont mêlé d'absurde.

Je vais plus loin, et je dis que c'est précisément le positivisme du siècle qui fait adopter le spiritisme, et que c'est à lui qu'il doit en partie sa rapide propagation, et non, comme quelques-uns le prétendent, à une recrudescence de l'amour du merveilleux et du surnaturel. Le surnaturel disparaît devant le flambeau de la science, de la philosophie et de la raison, comme les dieux du paganisme ont disparu devant la lumière du christianisme.

Le surnaturel est ce qui est en dehors des lois de la nature. Le positivisme n'admet rien en dehors de ces lois; mais les connaît-il toutes? Dans tous les temps, les phénomènes dont la cause était inconnue ont été réputés surnaturels; chaque nouvelle loi découverte par la science a reculé les bornes du surnaturel; eh bien! le spiritisme vient révéler une nouvelle loi d'après laquelle la conversation avec l'Esprit d'un mort repose sur une loi toute aussi naturelle que celle que l'électricité permet d'établir entre deux individus à cinq cents lieues de distance; et ainsi de tous les autres phénomènes spirites. Le spiritisme répudie, en ce qui le concerne, tout effet merveilleux, c'est-à-dire en dehors des lois de la nature; il ne fait ni miracles ni prodiges; mais il explique, en vertu d'une loi, certains effets réputés jusqu'à ce jour miracles et prodiges, et par cela même en démontre la possibilité. Il élargit ainsi le domaine de la science, c'est en cela qu'il est lui-même une science; mais la découverte de cette nouvelle loi entraînant des conséquences morales, le code de ces conséquences en fait en même temps une doctrine philosophique.

A ce dernier point de vue, il répond aux aspirations de l'homme en ce qui touche l'avenir sur des bases positives et rationnelles, c'est pour cela qu'il convient à l'Esprit positif du siècle; c'est ce que vous comprendrez quand vous aurez pris la peine de l'étudier. (*Liv. des Mediums*, chap. II. — *Revue Spirite*, décembre 1861, page 393 et janvier 1862, page 21. — Voy. aussi ci-après, chap. II.)

OPPOSITION DE LA SCIENCE

Le Visiteur. — Vous vous appuyez, dites-vous, sur des faits; mais on vous oppose l'opinion des savants qui les contestent, ou qui les expliquent autrement que vous. Pourquoi ne se sont-il pas emparés du phénomène des tables tournantes? S'ils y avaient vu quelque chose de sérieux, ils n'auraient eu garde, ce me semble, de négliger des faits aussi extraordinaires, et encore moins de les repousser avec dédain, tandis qu'ils sont tous contre vous. Les savants ne sont-ils pas le flambeau des nations, et leur devoir n'est-il pas de répandre la lumière? Pourquoi voudriez-vous qu'ils l'eussent étouffée alors qu'une si belle occasion se présentait à eux de révéler au monde une force nouvelle?

A. K. — Vous venez de tracer là le devoir des savants d'une manière admirable; il est fâcheux qu'ils l'aient oublié en plus d'une circonstance. Mais avant de répondre à cette judicieuse observation, je dois relever une erreur grave que vous avez commise en disant que tous les savants sont contre nous.

Ainsi que je l'ai dit tout à l'heure, c'est précisément dans la classe éclairée qu'il fait le plus de prosélytes, et cela dans tous les pays du monde; il en compte un grand nombre parmi les médecins de toutes les nations; or, les médecins sont des hommes de science; les magistrats, les professeurs, les artistes, les hommes de lettres, les officiers, les hauts fonctionnaires, les grands dignitaires, les ecclésiastiques, etc., qui se rangent sous sa bannière, sont tous gens auxquels on ne peut refuser une certaine dose de lumière. Il n'y a pas de savants que dans la science officielle et dans les corps constitués.

De ce que le spiritisme n'a pas encore droit de cité dans la science officielle, est-ce un motif pour le condamner? Si la science ne s'était jamais trompée, son opinion pourrait ici peser dans la balance; malheureusement l'expérience prouve le contraire. N'a-t-elle pas repoussé comme des chimères une foule de découvertes qui, plus tard, ont illustré la mémoire de leurs auteurs? N'est-ce pas à un rapport de notre premier corps savant que la France doit d'avoir été privée de l'initiative de la vapeur? Lorsque Fulton vint au camp de Boulogne présenter son système à Napoléon Ier qui en recommanda l'examen immédiat à l'Institut, celui-ci n'a-t-il pas conclu que ce système était une rêverie *impraticable* et qu'il n'y avait pas lieu de s'en occuper? Faut-il en conclure que les membres de l'Institut sont des ignorants? Cela justifie-t-il les épithètes triviales, à force de mauvais goût, que certaines gens se plaisent à leur prodiguer? Assurément non; il n'est personne de sensé qui ne rende justice à leur éminent savoir tout en reconnaissant qu'ils ne sont pas infaillibles, et qu'ainsi leur jugement n'est pas en dernier ressort, surtout en fait d'idées nouvelles.

Le Visiteur. — J'admets parfaitement qu'ils ne sont

pas infaillibles; mais il n'en est pas moins vrai qu'en raison de leur savoir, leur opinion compte pour quelque chose, et que si vous les aviez pour vous, cela donnerait un grand poids à votre système.

A. K. — Vous admettrez bien aussi que chacun n'est bon juge que dans ce qui est de sa compétence. Si vous voulez bâtir une maison, prendrez-vous un musicien ? Si vous êtes malade, vous ferez-vous soigner par un architecte ? Si vous avez un procès, prendrez-vous l'avis d'un danseur? Enfin, s'il s'agit d'une question de théologie, la ferez-vous résoudre par un chimiste ou un astronome? Non; chacun son métier. Les sciences vulgaires reposent sur les propriétés de la matière qu'on peut manipuler à son gré; les phénomènes qu'elle produit ont pour agents des forces matérielles. Ceux du spiritisme ont pour agents des intelligences qui ont leur indépendance, leur libre arbitre et ne sont point soumises à nos caprices; ils échappent ainsi à nos procédés de laboratoire et à nos calculs, et, dès lors, ne sont plus du ressort de la science proprement dite.

La science s'est donc fourvoyée quand elle a voulu expérimenter les Esprits comme une pile voltaïque; elle a échoué, et cela devait être, parce qu'elle a opéré en vue d'une analogie qui n'existe pas; puis, sans aller plus loin, elle a conclu à la négative : jugement téméraire que le temps se charge tous les jours de réformer, comme il en a réformé bien d'autres, et ceux qui l'auront prononcé en seront pour la honte de s'être inscrits trop légèrement en faux contre la puissance infinie du Créateur.

Les corps savants n'ont point et n'auront jamais à se prononcer dans la question; elle n'est pas plus de leur ressort que celle de décréter si Dieu existe; c'est donc une erreur de les en faire juges. Le spiritisme est une question de croyance personnelle qui ne peut dépendre du vote d'une assemblée, car ce vote, lui fût-il favorable, ne peut forcer les convictions. Quand l'opinion publique se sera formée à cet égard, ils l'accepteront comme individus, et ils subiront la force des choses. Laissez passer une génération, et, avec elle, les préjugés de l'amour-propre qui s'entête, et vous verrez qu'il en sera du spiritisme comme de tant d'autres vérités que l'on a combattues, et qu'il serait ridicule maintenant de révoquer en doute. Aujourd'hui, ce sont les croyants qu'on traite de fous; demain, ce sera le tour de ceux qui ne croiront pas; absolument comme on traitait jadis de fous ceux qui croyaient que la terre tourne.

Mais tous les savants n'ont pas jugé de même, et, par savants, j'entends les hommes d'étude et de science, avec ou sans titre officiel. Beaucoup ont fait le raisonnement suivant :

« Il n'y a pas d'effet sans cause, et les effets les plus vulgaires peuvent mener sur la voie des plus grands problèmes. Si Newton eût méprisé la chute d'une pomme; si Galvani eût rebuté sa servante en la traitant de folle et de visionnaire quand elle lui parla des grenouilles qui dansaient dans le plat, peut-être en serions-nous encore à trouver l'admirable loi de la gravitation universelle, et les fécondes propriétés de la pile. Le phénomène qu'on désigne sous le nom burlesque de danse des tables, n'est pas plus ridicule que celui de la danse des grenouilles, et il renferme peut-être aussi quelques-uns de ces secrets de la nature qui font révolution dans l'humanité quand on en a la clef. »

Ils se sont dit en outre : « Puisque tant de gens s'en occupent, puisque des hommes sérieux en ont fait une étude, il faut qu'il y ait quelque chose; une illusion, une tocade, si l'on veut, ne peut avoir ce caractère de généralité ; elle peut séduire un cercle, une coterie, mais elle ne fait pas le tour du monde. Gardons-nous donc de nier la possibilité de ce que nous ne comprenons pas de peur de recevoir tôt ou tard un démenti qui ne ferait pas l'éloge de notre perspicacité. »

Le Visiteur. — Très bien ; voilà un savant qui raisonne avec sagesse et prudence, et, sans être savant, je pense comme lui; mais remarquez qu'il n'affirme rien : il doute ; or, sur quoi baser la croyance à l'existence des Esprits, et surtout à la possibilité de communiquer avec eux ?

A. K. — Cette croyance s'appuie sur le raisonnement et sur les faits. Je ne l'ai moi-même adoptée qu'après mûr examen. Ayant puisé dans l'étude des sciences exactes l'habitude des choses positives, j'ai sondé, scruté cette science nouvelle dans ses replis les plus cachés ; j'ai voulu me rendre compte de tout, car je n'accepte une idée que lorsque j'en sais le pourquoi et le comment. Voici le raisonnement que me faisait un savant médecin jadis incrédule, et aujourd'hui adepte fervent :

« On dit que des êtres invisibles se communiquent ; et pourquoi pas ? Avant l'invention du microscope, soupçonnait-on l'existence de ces milliards d'animalcules qui causent tant de ravages dans l'économie ? Où est l'impossibilité matérielle qu'il y ait dans l'espace des êtres qui échappent à nos sens ? Aurions-nous par hasard la ridicule prétention de tout savoir et de dire à Dieu qu'il ne peut pas nous en apprendre davantage ? Si ces êtres invisibles qui nous entourent sont intelligents, pourquoi ne se communiqueraient-ils pas à nous ? S'ils sont en relation avec les hommes, ils doivent jouer un rôle dans la destinée, dans les événements. Qui sait ? c'est peut-être une des puissances de la nature ; une de ces forces occultes que nous ne soupçonnions pas. Quel nouvel horizon cela ouvrirait à la pensée! Quel vaste champ d'observation! La découverte du monde des invisibles serait bien autre chose que celle des infiniment petits; ce serait plus qu'une découverte, ce serait une révolution dans les idées. Quelle lumière peut en jaillir! que de chose mystérieuses expliquées! Ceux qui y croient sont tournés en ridicule; mais qu'est-ce que cela prouve? N'en a-t-il pas été de même de toutes les grandes découvertes? Christophe Colomb n'a-t-il pas été rebuté, abreuvé de dégoûts, traité en insensé? Ces idées, dit-on, sont si étranges qu'on ne peut pas y croire; mais à celui qui eût dit, il y a seulement un demi-siècle, qu'en quelques minutes, on correspondrait d'un bout du monde à l'autre; qu'en quelques heures on traverserait la France; qu'avec la fumée d'un peu d'eau bouillante, un navire marcherait vent debout; qu'on tirerait de l'eau les moyens de s'éclairer et de se chauffer; qui aurait proposé d'éclairer tout Paris en un instant avec un seul réservoir d'une substance invisible, on lui aurait ri au nez. Est-ce donc une chose plus prodigieuse que l'espace soit peuplé d'êtres pensants qui, après avoir vécu sur la terre, ont quitté leur enveloppe matérielle? Ne trouve-t-on pas dans ce fait l'explication d'une foule de croyances qui remontent à la plus haute antiquité? De pareilles choses valent bien la peine d'être approfondies. »

Voilà les réflexions d'un savant, mais d'un savant sans prétention; ce sont aussi celles d'une foule d'hommes éclairés; ils ont vu, non superficiellement et d'un œil prévenu; ils ont étudié sérieusement et sans parti pris; ils ont eu la modestie de ne pas dire : Je ne comprends pas, donc cela n'est pas; leur conviction s'est formée par l'observation et le raisonnement. Si ces idées eussent été des chimères, pensez-vous que tous ces hommes d'élite les eussent adoptées? qu'ils aient pu être longtemps dupes d'une illusion?

Il n'y a donc point impossibilité matérielle à ce qu'il existe des êtres invisibles pour nous et peuplant l'espace, et cette considération seule devrait engager à plus de circonspection. Naguère, qui eût jamais pensé qu'une goutte d'eau limpide pût renfermer des milliers d'êtres d'une petitesse qui confond notre imagination? Or, je dis qu'il était plus dificile à la raison de concevoir des êtres d'une telle ténuité, pourvus de tous nos organes et fonctionnant comme nous, que d'admettre ceux que nous nommons Esprits.

Le Visiteur. — Sans doute, mais de ce qu'une chose est possible, il ne s'ensuit pas qu'elle existe.

A. K. — D'accord; mais vous conviendrez que du moment qu'elle n'est pas impossible, c'est déjà un grand point, car elle n'a plus rien qui répugne à la raison. Reste donc à la constater par l'observation des faits. Cette observation n'est pas nouvelle : l'histoire, tant sacrée que profane, prouve l'ancienneté et l'universalité de cette croyance, qui s'est perpétuée à travers toutes les vicissitudes du monde, et se retrouve chez les peuples les plus sauvages à l'état d'idées innées et intuitives, gravées dans la pensée, comme celle de l'Être suprême et de l'existence future. Le spiritisme n'est donc pas de création moderne, tant s'en faut; tout prouve que les Anciens le connaissaient aussi bien, et peut-être mieux que nous; seulement, il n'était enseigné qu'avec des précautions mystérieuses qui le rendaient inaccessible au vulgaire, laissé à dessein dans le bourbier de la superstition.

Quant aux faits, ils sont de deux natures : les uns sont spontanés et les autres provoqués. Parmi les premiers, il faut ranger les visions et apparitions, qui sont très fréquentes ; les bruits, tapages et perturbations d'objets sans cause matérielle, et une foule d'effets insolites que l'on regardait comme surnaturels, et qui aujourd'hui nous paraissent tout simples, car, pour nous il n'y a rien de surnaturel, puisque tout rentre dans les lois immuables de la nature. Les faits provoqués sont ceux que l'on obtient par l'intermédiaire des médiums.

FAUSSES EXPLICATIONS DES PHÉNOMÈNES.

Hallucination. — Fluide magnétique. — Reflet de la pensée — Surexcitation cérébrale. — Etat somnanbulique des médiums.

Le Visiteur. — C'est contre les phénomènes provoqués que s'exerce surtout la critique. Mettons de côté toute supposition de charlatanisme, et admettons une entière bonne foi; ne pourrait-on pas penser qu'ils sont eux-mêmes le jouet d'une hallucination?

A. K. — Je ne sache pas qu'on ait encore clairement expliqué le mécanisme de l'hallucination. Telle qu'on l'entend, c'est pourtant un effet fort singulier et bien digne d'étude. Comment donc ceux qui prétendent rendre compte, par là, des phénomènes spirites, ne peuvent-ils expliquer leur explication ? Il est d'ailleurs des faits qui écartent cette hypothèse : quand une table ou un autre objet se meut, se soulève, frappe; quand elle se promène à volonté dans une chambre sans le contact de personne; quand elle se détache du sol et se soutient dans l'espace sans point d'appui; enfin, quand elle se brise en retombant, ce n'est certes pas une hallucination. En supposant que le médium, par un effet de son imagination, croie voir ce qui n'existe pas, est-il probable que toute une société soit prise du même vertige? que cela se répète de tous côtés, dans tous les pays? L'hallucination, dans ce cas, serai plus prodigieuse que le fait.

Le Visiteur. — En admettant la réalité du phénomène des tables tournantes et frappantes, n'est-il pas plus rationnel de l'attribuer à l'action d'un fluide quelconque, du fluide magnétique, par exemple?

A. K. — Telle a été la première pensée, et je l'ai eue comme tant d'autres. Si les effets se fussent bornés à des effets matériels, nul doute qu'on pourrait les expliquer ainsi ; mais quand ces mouvements et ces coups ont donné des preuves d'intelligence ; quand on a reconnu qu'ils répondaient à la pensée avec une entière liberté, on en a tiré cette conséquence que : *Si tout effet a une cause, tout effet intelligent a une cause intelligente.* Est-ce là l'effet d'un fluide, à moins de dire que ce fluide est intelligent? Quand vous voyez les bras du télégraphe faire des signaux qui transmettent la pensée, vous savez bien que ce ne sont pas ces bras de bois ou de fer qui sont intelligents, mais vous dites qu'une intelligence les fait mouvoir. Il en est de même de la table. Y a-t-il, oui ou non, des effets intelligents? Là est la question. Ceux qui le contestent sont des personnes qui n'ont point tout vu et qui se hâtent de conclure d'après leurs propres idées et sur une observation superficielle.

Le Visiteur. — A cela on répond que s'il y a un effet intelligent, ce n'est autre chose que la propre intelligence, soit du médium, soit de l'interrogateur, soit des assistants ; car, dit-on, la réponse est toujours dans la pensée de quelqu'un.

A. K. — C'est encore là une erreur, suite d'un défaut d'observation. Si ceux qui pensent ainsi s'étaient donné la peine d'étudier le phénomène dans toutes ses phases, ils auraient à chaque pas reconnu l'indépendance absolue de l'intelligence qui se manifeste. Comment cette thèse pourrait-elle se concilier avec des réponses qui sont en dehors de la portée intellectuelle et de l'instruction du

médium? qui contredisent ses idées, ses désirs, ses opinions, ou qui déroutent complétement les prévisions des
assistants? de médiums qui écrivent dans une langue
qu'ils ne connaissent pas, ou dans leur propre langue
quand ils ne savent ni lire ni écrire? Cette opinion, à
première vue, n'a rien d'irrationnel, j'en conviens, mais
elle est démentie par des faits tellement nombreux et
tellement concluants, que le doute n'est plus possible.

Du reste, en admettant même cette théorie, le phénomène, loin d'être simplifié, serait bien autrement prodi-
gieux. Eh quoi! la pensée se réfléchirait sur une surface
comme la lumière, le son, le calorique? En vérité, il y
aurait là de quoi exercer la sagacité de la science. Et
puis, ce qui ajouterait encore au merveilleux, c'est que,
sur vingt personnes réunies, ce serait précisément la
pensée de telle ou telle qui serait réfléchie, et non la
pensée de telle autre. Un pareil système est insoute-
nable. Il est vraiment curieux de voir les contradicteurs
s'ingénier à chercher des causes cent fois plus extraordinaires et difficiles à comprendre que celles qu'on leur
donne.

Le Visiteur. — Ne pourrait-on pas admettre, selon l'o-
pinion de quelques-uns, que le médium est dans un état
de crise et jouit d'une lucidité qui lui donne une per-
ception somnambulique, une sorte de double vue, ce
qui expliquerait l'extension momentanée des facultés
intellectuelles; car, dit-on, les communications obtenues
par les médiums ne dépassent pas la portée de celles
qu'on obtient par les somnambules?

A. K. — C'est encore là un de ces systèmes qui ne sou-
tiennent pas un examen approfondi. Le médium n'est ni
en crise, ni en sommeil, mais parfaitement éveillé, agissant et pensant comme tout le monde, sans rien avoir
d'extraordinaire. Certains effets particuliers ont pu donner

lieu à cette méprise ; mais quiconque ne se borne pas à juger les choses par la vue d'une seule face, reconnaîtra sans peine que le médium est doué d'une faculté particulière qui ne permet pas de le confondre avec le somnambule, et la complète indépendance de sa pensée est prouvée par des faits de la dernière évidence. Abstraction faite des communications écrites, quel est le somnambule qui a jamais fait jaillir une pensée d'un corps inerte ? qui a produit des apparitions visibles et même tangibles ? qui a pu maintenir un corps grave dans l'espace sans point d'appui ? Est-ce par un effet somnambulique qu'un médium a dessiné, un jour, chez moi, en présence de vingt témoins, le portrait d'une jeune personne morte depuis dix-huit mois et qu'il n'avait jamais connue, portrait reconnu par le père présent à la séance ? Est-ce par un effet somnambulique qu'une table répond avec précision aux questions proposées, même à des questions mentales ? Assurément, si l'on admet que le médium soit dans un état magnétique, il me paraît difficile de croire que la table soit somnambule.

On dit encore que les médiums ne parlent clairement que de choses connues. Comment expliquer le fait suivant et cent autres du même genre ? Un de mes amis, très bon médium écrivain, demande à un Esprit si une personne qu'il a perdue de vue depuis quinze ans est encore de ce monde. « Oui, elle vit encore, lui est-il répondu ; elle demeure à Paris, telle rue, tel numéro. » Il va, et trouve la personne à l'adresse indiquée. Est-ce là de l'illusion ? Sa pensée pouvait d'autant moins lui suggérer cette réponse, qu'en raison de l'âge de la personne, il y avait toute probabilité qu'elle n'existait plus. Si, dans certains cas, on a vu des réponses s'accorder avec la pensée, est-il rationnel d'en conclure que ce soit une loi générale ? En cela, comme en toute chose, les jugements précipités sont toujours dangereux, parce qu'ils peuvent être infirmés par des faits que l'on n'a pas observés.

LES INCRÉDULES NE PEUVENT VOIR POUR SE CONVAINCRE.

Le Visiteur. — Ce sont des faits positifs que les incrédules voudraient voir, qu'ils demandent, et que la plupart du temps on ne peut pas leur fournir. Si tout le monde pouvait être témoin de ces faits, le doute ne serait plus permis. Comment se fait-il donc que tant de gens n'aient pu rien voir malgré leur bonne volonté ? On leur oppose, disent-ils, leur manque de foi ; à cela ils répondent avec raison qu'ils ne peuvent avoir une foi anticipée, et que si on veut qu'ils croient, il faut leur donner les moyens de croire.

A. K. — La raison en est bien simple. Ils veulent les faits à leur commandement, et les Esprits n'obéissent pas au commandement ; il faut attendre leur bon vouloir. Il ne suffit donc pas de dire : Montrez-moi tel fait, et je croirai ; l faut avoir la volonté de la persévérance, laisser les faits se produire spontanément, sans prétendre les forcer ou les diriger ; celui que vous désirez sera peut-être précisément celui que vous n'obtiendrez pas ; mais il s'en présentera d'autres, et celui que vous voulez viendra au moment où vous vous y attendrez le moins. Aux yeux de l'observateur attentif et assidu, il en surgit des masses qui se corroborent les uns les autres ; mais, celui qui croit qu'il suffit de tourner une manivelle pour faire aller la machine, se trompe étrangement. Que fait le naturaliste qui veut étudier les mœurs d'un animal ? Lui commande-t-il de faire telle ou telle chose pour avoir tout loisir de l'observer à son gré ? Non, car il sait bien qu'il ne lui obéira pas ; il *épie* les manifestations spontanées de son instinct ; il les attend et les saisit au passage. Le simple bon sens montre qu'à plus forte raison il doit en être de même des Esprits, qui sont des intelligences bien autrement indépendantes que celle des animaux.

C'est une erreur de croire que la foi soit nécessaire; mais la *bonne foi*, c'est autre chose; or, il y a des sceptiques qui nient jusqu'à l'évidence, et que des prodiges ne pourraient convaincre. Combien y en a-t-il qui, après avoir vu, n'en persistent pas moins à expliquer les faits à leur manière, disant que cela ne prouve rien ! Ces gens là ne servent qu'à porter le trouble dans les réunions, sans profit pour eux-mêmes; c'est pour cela qu'on les en écarte, et qu'on ne veut pas perdre son temps avec eux. Il en est même qui seraient bien fâchés d'être forcés de croire, parce que leur amour-propre souffrirait de convenir qu'ils se sont trompés. Que répondre à des gens qui ne voient partout qu'illusion et charlatanisme ? Rien; il faut les laisser tranquilles et dire, tant qu'ils voudront, qu'ils n'ont rien vu, et même qu'on n'a rien pu ou rien voulu leur faire voir.

A côté de ces sceptiques endurcis, il y a ceux qui veulent voir à leur manière; qui, s'étant fait une opinion, veulent tout y rapporter; ils ne comprennent pas que des phénomènes ne puissent obéir à leur gré; ils ne savent pas ou ne veulent pas se mettre dans les conditions nécessaires. Celui qui veut observer de bonne foi doit, je ne dis pas croire sur parole, mais se dépouiller de toute idée préconçue; ne pas vouloir assimiler des choses incompatibles; il doit attendre, suivre, observer avec une patience infatigable; cette condition même est en faveur des adeptes, puisqu'elle prouve que leur conviction ne s'est pas faite à la légère. Avez-vous cette patience ? Non, dites-vous, je n'ai pas le temps. Alors ne vous en occupez pas, mais n'en parlez pas; personne ne vous y oblige.

Le Visiteur. — Les Esprits, cependant, doivent avoir à cœur de faire des prosélytes ; pourquoi ne se prêtent-ils pas mieux qu'ils ne le font aux moyens de convaincre certaines personnes dont l'opinion serait d'une grande influence?

A. K. — C'est qu'apparemment ils ne tiennent pas, pour le moment, à convaincre certaines personnes dont ils ne mesurent pas l'importance comme elles le font elles-mêmes. C'est peu flatteur, j'en conviens, mais nous ne commandons pas leur opinion ; les Esprits ont une manière de juger les choses qui n'est pas toujours la nôtre; ils voient, pensent et agissent d'après d'autres éléments ; tandis que notre vue est circonscrite par la matière, bornée par le cercle étroit au milieu duquel nous nous trouvons, ils embrassent l'ensemble ; le temps, qui nous paraît si long, est pour eux un instant ; la distance n'est qu'un pas ; certains détails, qui nous semblent d'une importauce extrême, sont à leurs yeux des enfantillages; et par contre ils jugent importantes des choses dont nous ne saisissons pas la portée. Pour les comprendre, il faut s'élever par la pensée au-dessus de notre horizon matériel et moral, et nous placer à leur point de vue; ce n'est pas à eux de descendre jusqu'à nous, c'est à nous de monter jusqu'à eux, et c'est à quoi nous conduisent l'étude et l'observation.

Les Esprits aiment les observateurs assidus et consciencieux; pour eux ils multiplient les sources de lumière; ce qui les éloigne, ce n'est pas le doute qui naît de l'ignorance, c'est la fatuité de ces prétendus observateurs qui n'observent rien, qui prétendent les mettre sur la sellette et les faire manœuvrer comme des marionnettes ;

c'est surtout le sentiment d'hostilité et de dénigrement
qu'ils apportent, sentiment qui est dans leur pensée,
s'il n'est pas dans leurs paroles. Poúr ceux-là les Esprits
ne font rien et s'inquiètent fort peu de ce qu'ils peuvent
dire ou penser, parce que leur tour viendra. C'est pourquoi j'ai dit que ce n'est pas la foi qui est nécessaire,
mais la bonne foi.

ORIGINE DES IDÉES SPIRITES MODERNES.

Le Visiteur. — Une chose que je désirerais savoir,
Monsieur, c'est le point de départ des idées spirites modernes ; sont-elles le fait d'une révélation spontanée des
Esprits, ou le résultat d'une croyance préalable à leur
existence? Vous comprenez l'importance de ma question ;
car, dans ce dernier cas, on pourrait croire que l'imagination n'y est pas étrangère.

A. K. — Cette question, comme vous le dites, Monsieur, est importante à ce point de vue, quoiqu'il soit
difficile d'admettre, en supposant que ces idées aient pris
naissance dans une croyance anticipée, que l'imagination ait pu produire tous les résultats matériels observés.
En effet, si le spiritisme était fondé sur la pensée préconçue de l'existence des Esprits, on pourrait, avec
quelque apparence de raison, douter de sa réalité ; car si
la cause est une chimère, les conséquences doivent elles-
mêmes être chimériques; mais les choses ne se sont
point passées ainsi.

Remarquez d'abord que cette marche serait tout à fait
illogique ; les Esprits sont une cause et non un effet;
quand on voit un effet, on peut en rechercher la cause,
mais il n'est pas naturel d'imaginer une cause *avant d'a-
voir vu les effets.* On ne pouvait donc concevoir la pensée
des Esprits si des effets ne se fussent présentés, qui

trouvaient leur explication probable dans l'existence d'êtres invisibles. Eh bien ! ce n'est même pas de cette manière que cette pensée est venue; c'est-à-dire que ce n'est pas une hypothèse imaginée en vue d'expliquer certains phénomènes ; la première supposition que l'on a faite est celle d'une cause toute matérielle. Ainsi, loin que les Esprits aient été une idée préconçue, on est parti du point de vue *matérialiste*. Ce point de vue étant impuissant à tout expliquer, l'observation seule a conduit à la cause spirituelle. Je parle des idées spirites modernes, puisque nous savons que cette croyance est aussi vieille que le monde. Voici la marche des choses.

Des phénomènes spontanés se sont produits, tels que des bruits étranges, des coups frappés, des mouvements d'objets, etc., sans cause ostensible connue, et ces phénomènes ont pu être reproduits sous l'influence de certaines personnes. Jusque-là, rien n'autorisait à en chercher la cause ailleurs que dans l'action d'un fluide magnétique ou tout autre dont les propriétés étaient encore inconnues. Mais on ne tarda pas à reconnaître dans ces bruits et ces mouvements un caractère intentionnel et intelligent, d'où l'on conclut, comme je l'ai déjà dit, que : Si tout effet a une cause, tout effet intelligent a une cause intelligente. Cette intelligence ne pouvait être dans l'objet lui-même, car la matière n'est pas intelligente. Était-ce le reflet de celle de la personne ou des personnes présentes ? On l'a d'abord pensé, comme je l'ai dit également; l'expérience seule pouvait prononcer, et l'expérience a démontré par des preuves irrécusables, en maintes circonstances, la complète indépendance de cette intelligence. Elle était donc en dehors de l'objet et en dehors de la personne. Qui était-elle ? C'est elle-même qui a répondu ; elle a déclaré appartenir à l'ordre des êtres incorporels, désignés sous le nom d'Esprits. L'idée des Esprits n'a donc pas préexisté ; elle n'a pas même été consécutive ; en un mot elle n'est pas sortie du cerveau : elle a été donnée par les Esprits eux-mêmes, et tout ce que nous avons su depuis sur leur compte, ce sont eux qui nous l'ont appris.

Une fois l'existence des Esprits révélée et les moyens de communication établis, on put avoir des entretiens suivis et obtenir des renseignements sur la nature de ces êtres, les conditions de leur existence, leur rôle dans le monde visible. Si l'on pouvait ainsi interroger les êtres du monde des infiniment petits, que de choses curieuses n'apprendrait-on pas sur eux !

Supposons qu'avant la découverte de l'Amérique un fil électrique ait existé à travers l'Atlantique, et qu'à son extrémité européenne on eût remarqué des signes intelligents, on aurait conclu qu'à l'autre extrémité il y avait des êtres intelligents qui cherchaient à se communiquer ; on aurait pu les questionner et ils auraient répondu. On eût ainsi acquis la certitude de leur existence, la connaissance de leurs mœurs, de leurs habitudes, de leur manière d'être, sans les avoir jamais vus. Il en a été de même des relations avec le monde invisible ; les manifestations matérielles ont été comme des signaux, des moyens d'avertissement qui nous ont mis sur la voie de communications plus régulières et plus suivies. Et, chose remarquable, à mesure que des moyens plus faciles de communiquer sont à notre portée, les Esprits abandonnent les moyens primitifs, insuffisants et incommodes, comme le muet qui recouvre la parole renonce au langage des signes.

Quels étaient les habitants de ce monde ? Étaient-ce des êtres à part, en dehors de l'humanité ? Étaient-ils bons ou mauvais ? C'est encore l'expérience qui s'est chargée de résoudre ces questions ; mais, jusqu'à ce que des observations nombreuses aient eu jeté la lumière sur ce sujet, le champ des conjectures et des systèmes était ouvert, et Dieu sait s'il en a surgi ! Les uns ont cru les Esprits supérieurs en tout, d'autres n'ont vu en eux que des démons ; c'est à leurs paroles et à leurs actes qu'on pouvait les juger. Supposons que parmi les habitants transatlantiques inconnus dont nous venons de parler les uns aient dit de très bonnes choses, tandis que d'autres se seraient fait remarquer par le cynisme de leur langage, on eût conclu qu'il y en avait de bons et de mauvais. C'est ce qui est arrivé pour les Esprits ; c'est ainsi qu'on a reconnu parmi eux tous les degrés de bonté et de méchanceté, d'ignorance et de savoir. Une fois bien édifiés sur les défauts et les qualités qu'on rencontre chez eux, c'était à notre prudence à faire la part du bon et du mauvais, du vrai et du faux dans leurs rapports avec nous, absolument comme nous le faisons à l'égard des hommes.

L'observation ne nous a pas seulement éclairés sur les qualités morales des Esprits, mais aussi sur leur nature et sur ce que nous pourrions appeler leur état physiologique. On sut, par ces esprits eux-mêmes, que les uns sont très heureux et les autres très malheureux ; qu'ils ne sont point des êtres à part, d'une nature exceptionnelle, mais que ce sont les âmes mêmes de ceux qui ont vécu sur la terre, où ils ont laissé leur enveloppe corporelle, qui peuplent les espaces, nous entourent et nous coudoient sans cesse, et, parmi eux, chacun a pu reconnaître, à des signes incontestables, *ses parents, ses amis et ceux qu'il a connus ici-bas ;* on put les suivre dans toutes les phases de leur existence d'outre-tombe, depuis l'instant où ils quittent leur corps, et observer leur situation selon leur genre de mort et la manière dont ils avaient vécu sur la terre. On sut enfin que ce ne sont pas des êtres abstraits, immatériels dans le sens absolu du mot; ils ont une enveloppe, à laquelle nous donnons le nom de *périsprit*, sorte de corps fluidique, vaporeux, diaphane, invisible dans l'état normal, mais qui, dans certains cas, et par une espèce de condensation ou de disposition moléculaire, peut devenir momentanément visible et même tangible, et, dès lors, fut expliqué le phénomène des apparitions et des attouchements. Cette enveloppe existe pendant la vie du corps : c'est le lien entre l'Esprit et la matière; à la mort du corps, l'âme ou l'Esprit, ce qui est la même chose, ne se dépouille que de l'enveloppe grossière, elle conserve la seconde, comme lorsque nous quittons un vêtement de dessus pour ne conserver que celui de dessous, comme le germe d'un fruit se dépouille de l'enveloppe corticale et ne conserve que le *périsperme*. C'est cette enveloppe semi-matérielle de l'Esprit qui est l'agent des différents phénomènes au moyen desquels il manifeste sa présence.

Telle est, en peu de mots, Monsieur, l'histoire du spiritisme; vous voyez, et vous le reconnaîtrez encore mieux quand vous l'aurez étudié à fond, que tout y est le résultat de l'observation et non d'un système préconçu.

MOYENS DE COMMUNICATION.

Le Visiteur. — Vous avez parlé des moyens de communication; pourriez-vous m'en donner une idée, car il est difficile de comprendre comment ces êtres invisibles peuvent converser avec nous?

A. K. — Volontiers; je le ferai brièvement toutefois, parce que cela exigerait de trop longs développements que vous trouverez notamment dans le *Livre des médiums*. Mais le peu que je vous en dirai suffira pour vous mettre sur la voie du mécanisme et servira surtout à vous faire

mieux comprendre quelques-unes des èxpériences auxquelles vous pourriez assister en attendant votre initiation complète.

L'existence de cette enveloppe semi-matérielle, ou du
périsprit, est déjà une clef qui explique beaucoup de
choses et montre la possibilité de certains phénomènes.
Quant aux moyens, ils sont très variés et dépendent,
soit de la nature plus ou moins épurée des Esprits, soit
de dispositions particulières aux personnes qui leur servent d'intermédiaires. Le plus vulgaire, celui qu'on peut
dire universel, consiste dans l'intuition, c'est-à-dire dans
les idées et les pensées qu'ils nous suggèrent; mais ce
moyen est trop peu appréciable dans la généralité des
cas; il en est d'autres plus matériels.

Certains Esprits se communiquent par des coups
frappés répondant par *oui* et par *non* ou désignant les
lettres qui doivent former les mots. Les coups peuvent
être obtenus par le mouvement de bascule d'un objet,
une table, par exemple, qui frappe du pied. Souvent ils
se font entendre dans la substance même des corps, sans
mouvement de ceux-ci. Ce mode primitif est long et se
prête difficilement à des développements d'une certaine
étendue; l'écriture l'a remplacé; on l'obtient de différentes manières. On s'est d'abord servi, et l'on se sert
encore quelquefois, d'un objet mobile, comme une pe-
tite planchette, une corbeille, une boîte, à laquelle on
adapte un crayon dont la pointe pose sur le papier. La
nature et la substance de l'objet sont indifférentes. Le
médium place les mains sur cet objet auquel il transmet
l'influence qu'il reçoit de l'Esprit, et le crayon trace les
caractères. Mais cet objet n'est, à proprement parler,
qu'un appendice de la main, une sorte de porte-crayon.
On a reconnu depuis l'inutilité de cet intermédiaire, qui
n'est qu'une complication de rouage, dont le seul mé-

rite est de constater d'une manière plus matérielle l'indépendance du médium; ce dernier peut écrire en tenant lui-même le crayon.

Les Esprits se manifestent encore et peuvent transmettre leurs pensées par des sons articulés qui retentissent soit dans le vague de l'air, soit dans l'oreille; par la voix du médium, par la vue, par des dessins, par la musique et par d'autres moyens qu'une étude complète fait connaître. Les médiums ont pour ces différents moyens des aptitudes spéciales qui tiennent à leur organisation. Nous avons ainsi des médiums à effets physiques, c'est-à-dire ceux qui sont aptes à produire des phénomènes matériels, comme les coups frappés, le mouvement des corps, etc.; les médiums auditifs, parlants, voyants, dessinateurs, musiciens, écrivains. Cette dernière faculté est la plus commune, celle qui se développe le mieux par l'exercice; c'est aussi la plus précieuse, parce que c'est celle qui permet les communications les plus suivies et les plus rapides.

Le médium écrivain présente de nombreuses variétés dont deux très distinctes. Pour les comprendre, il faut se rendre compte de la manière dont s'opère le phénomène. L'Esprit agit quelquefois directement sur la main du médium à laquelle il donne une impulsion tout à fait indépendante de la volonté, et sans que celui-ci ait conscience de ce qu'il écrit : c'est le *médium écrivain mécanique*. D'autres fois, il agit sur le cerveau; sa pensée traverse celle du médium qui, alors, bien qu'écrivant d'une manière involontaire, a une conscience plus ou moins nette de ce qu'il obtient : c'est le *médium intuitif;* son rôle est exactement celui d'un truchement qui transmet une pensée qui n'est pas la sienne et que pourtant il doit comprendre. Quoique, dans ce cas, la pensée de l'Esprit et celle du médium se confondent quelquefois, l'expérience apprend facilement à les distinguer. On obtient des communications également bonnes par ces deux genres de médiums; l'avantage de ceux qui sont. mécaniques est surtout pour les personnes qui ne sont pas encore convaincues. Du reste, la qualité essentielle d'un médium est dans la nature des Esprits qui l'assistent et dans les communications qu'il reçoit, bien plus que dans les moyens d'exécution.

Le Visiteur. — Le procédé me paraît des plus simples. Est-ce qu'il me serait possible de l'expérimenter moi-même?

A. K. —Parfaitement; je dis même que si vous étiez doué de la faculté médianimique, ce serait le meilleur moyen de vous convaincre, car vous ne pourriez suspecter votre bonne foi. Seulement. je vous engage vivement à ne tenter aucun essai avant d'avoir étudié avec soin. Les communications d'outre-tombe sont entourées de plus de difficultés qu'on ne le pense; elles ne sont pas exemptes d'inconvénients ni même sans dangers pour ceux qui manquent de l'expérience nécessaire. Il en est ici comme de celui qui voudrait faire des manipulations chimiques sans savoir la chimie; il courrait risque de se brûler les doigts.

Le Visiteur. — Y a-t-il quelque signe auquel on puisse reconnaître cette aptitude?

A. K. — Jusqu'à présent on ne connaît aucun diagnostique pour la médianimité; tous ceux que l'on avait cru reconnaître sont sans valeur; essayer est le seul moyen de savoir si l'on est doué. Du reste les médiums sont très nombreux, et il est fort rare que, si on ne l'est pas soi-même, on n'en trouve pas dans quelque membre de sa famille ou dans son entourage. Le sexe, l'âge et le tempérament sont indifférents; on en trouve parmi les hommes et parmi les femmes, les enfants et les vieillards, les gens qui se portent bien et ceux qui sont malades.

Si la médiumnité se traduisait par un signe extérieur quelconque, cela impliquerait la permanence de la faculté, tandis qu'elle est essentiellement mobile et fugitive. Sa cause physique est dans l'assimilation plus ou moins facile des fluides périspritaux de l'incarné et de l'Esprit désincarné ; sa cause morale est dans la volonté de l'Esprit qui se communique quand cela lui plaît, et non à notre volonté, d'où il résulte 1° que tous les Esprits ne peuvent pas se communiquer indifféremment par tous les médiums ; 2° que tout médium peut perdre ou voir suspendre sa faculté au moment où il s'y attend le moins. Ce peu de mots suffit pour vous montrer qu'il y a là toute une étude à faire, pour pouvoir se rendre compte des variations que présente ce phénomène.

Ce serait donc une erreur de croire que tout Esprit peut venir à l'appel qui lui est fait, et se communiquer par le premier médium venu. Pour qu'un Esprit se communique, il faut d'abord qu'il lui convienne de le faire ; secondement que sa position ou ses occupations le lui permettent ; troisièmement, qu'il trouve dans le médium un instrument propice, approprié à sa nature.

En principe, on peut communiquer avec les Esprits de tous les ordres, avec ses parents et ses amis, avec les Esprits les plus élevés comme avec les plus vulgaires ; mais indépendamment des conditions individuelles de possibilité, ils viennent plus ou moins volontiers selon les circonstances, et *surtout* en raison de leur sympathie pour les personnes qui les appellent, et non sur la demande du premier venu à qui il prendrait fantaisie de les évoquer par un sentiment de curiosité ; en pareil cas ils ne se seraient pas dérangés de leur vivant, ils ne le font pas davantage après leur mort.

Les Esprits sérieux ne viennent que dans les réunions sérieuses où ils sont appelés avec *recueillement et pour des motifs sérieux*; ils ne se prêtent à aucune question de curiosité, d'épreuve, ou ayant un but futile, ni à aucune expérience.

Les Esprits légers vont partout; mais dans les réunions sérieuses, ils se taisent et se tiennent à l'écart pour écouter, comme le feraient des écoliers dans une docte assemblée. Dans les réunions frivoles, ils prennent leurs ébats, s'amusent de tout, se moquent souvent des assistants, et répondent à tout sans s'inquiéter de la vérité.

Les Esprits dits frappeurs, et généralement tous ceux qui produisent des manifestations physiques, sont d'un ordre inférieur, sans être essentiellement mauvais pour cela; ils ont une aptitude en quelque sorte spéciale pour les effets matériels; les Esprits supérieurs ne s'occupent pas plus de ces choses, que nos savants de faire des tours de force; s'ils en ont besoin, ils se servent de ces Esprits, comme nous nous servons de manœuvres pour la grosse besogne.

LES MÉDIUMS INTÉRESSÉS.

Le Visiteur. — Avant de se livrer à une étude de longue haleine, certaines personnes voudraient avoir la certitude de ne pas perdre leur temps, certitude que leur donnerait un fait concluant, fût-il obtenu à prix d'argent.

A. K. — Chez celui qui ne veut pas se donner la peine d'étudier, il y a plus de curiosité que d'envie réelle de s'instruire; or, les Esprits n'aiment pas plus les curieux que je ne les aime moi-même. D'ailleurs la cupidité leur est surtout antipathique, et ils ne se prêtent à rien de ce qui peut la satisfaire; il faudrait s'en faire une idée bien fausse pour croire que des Esprits supérieurs, comme

Fénelon, Bossuet, Pascal, saint Augustin, par exemple, se mettent aux ordres du premier venu à tant par heure. Non, Monsieur, les communications d'outre-tombe sont une chose trop grave, et qui exige trop de respect, pour servir d'exhibition.

Nous savons d'ailleurs que les phénomènes spirites ne marchent pas comme les roues d'un mécanisme, puisqu'ils dépendent de la volonté des Esprits; en admettant même l'aptitude médianimique, nul ne peut répondre de les obtenir à tel moment donné. Si les incrédules sont portés à suspecter la bonne foi des médiums en général, ce serait bien pis s'il y avait chez eux un stimulant d'intérêt; on pourrait à bon droit suspecter le médium rétribué de donner le coup de pouce quand l'Esprit ne donnerait pas, parce qu'il lui faudrait, avant tout, gagner son argent. Outre que le désintéressement absolu est la meilleure garantie de sincérité, il répugnerait à la raison de faire venir à prix d'argent les Esprits des personnes qui nous sont chères, en supposant qu'ils y consentissent, ce qui est plus que douteux; il n'y aurait, dans tous les cas, que des Esprits de bas étage, peu scrupuleux sur les moyens, et qui ne mériteraient aucune confiance; et encore ceux-là mêmes se font-ils souvent un malin plaisir de déjouer les combinaisons et les calculs de leur cornac.

La nature de la faculté médianimique s'oppose donc à ce qu'elle devienne une profession, puisqu'elle dépend d'une volonté étrangère au médium, et qu'elle peut lui faire défaut au moment où il en aurait besoin, à moins qu'il n'y supplée par l'adresse. Mais en admettant même une entière bonne foi, dès lors que les phénomènes ne s'obtiennent pas à volonté, ce serait en effet du hasard si, dans la séance que l'on aurait payée, se produisait précisément celui que l'on désirerait voir pour se convaincre.

Vous donneriez cent mille francs à un médium, que vous ne lui feriez pas obtenir des Esprits ce que ceux-ci ne veulent pas faire ; cet appât, qui dénaturerait l'intention et la transformerait en un violent désir de lucre, serait même au contraire un motif pour qu'il ne l'obtint pas. Si l'on est bien pénétré de cette vérité, que l'affection et la sympathie sont les plus puissants mobiles d'attraction pour les Esprits, on comprendra qu'ils ne peuvent être sollicités par la pensée de s'en servir pour gagner de l'argent.

Celui donc qui a besoin de faits pour se convaincre, doit prouver aux Esprits sa bonne volonté par une observation sérieuse et patiente, s'il veut en être secondé ; mais s'il est vrai que la foi ne se commande pas, il ne l'est pas moins de dire qu'elle ne s'achète pas.

Le Visiteur.—Je comprends ce raisonnement au point de vue moral ; cependant n'est-il pas juste que celui qui donne son temps dans l'intérêt de sa cause, en soit indemnisé, si cela l'empêche de travailler pour vivre ?

A. K. — D'abord est-ce bien dans l'intérêt de la cause qu'il le fait, ou dans le sien propre ? S'il a quitté son état, c'est qu'il n'en était pas satisfait, et qu'il espérait gagner davantage ou avoir moins de peine à ce nouveau métier. Il n'y a aucun dévoûment à donner son temps quand c'est pour en tirer profit. C'est absolument comme si l'on disait que c'est dans l'intérêt de l'humanité que le boulanger fabrique du pain. La médiumnité n'est pas la seule ressource ; sans elle, ils seraient bien obligés de gagner leur vie autrement. Les médiums vraiment sérieux et dévoués, lorsqu'ils n'ont pas une existence indépendante, cherchent les moyens de vivre dans le travail ordinaire, et ne quittent point leur état ; ils ne consacrent à la médiumnité que le temps qu'ils peuvent y donner sans préjudice ; s'ils prennent sur leurs loisirs ou leur repos, c'est alors du dévoûment dont on leur sait gré; on les en estime et respecte davantage.

La multiplicité des médiums dans les familles rend d'ailleurs les médiums de profession inutiles, en supposant même qu'ils offrissent toutes les garanties désirables, ce qui est fort rare. Sans le discrédit qui s'est attaché à ce genre d'exploitation, et auquel je me félicite d'avoir grandement contribué, on aurait vu pulluler les médiums mercenaires et les journaux se couvrir de leurs réclames; or, pour un qui aurait pu être loyal, il y aurait eu cent charlatans qui, abusant d'une faculté réelle ou *simulée*, aurait fait le plus grand tort au spiritisme. C'est donc comme principe, que tous ceux qui voient dans le spiritisme autre chose qu'une exhibition de phénomènes curieux, qui comprennent et ont à cœur la dignité, la considération et les véritables intérêts de la doctrine, réprouvent toute espèce de spéculation sous quelque forme ou *déguisement* qu'elle se présente. Les médiums sérieux et sincères, et je donne ce nom à ceux qui comprennent la sainteté du mandat que Dieu leur a confié, évitent jusqu'aux apparences de ce qui pourrait faire planer sur eux le moindre soupçon de cupidité; l'accusation de tirer un profit quelconque de leur faculté, serait regardée par eux comme une injure.

Convenez, Monsieur, tout incrédule que vous êtes, qu'un médium dans ces conditions-là, ferait sur vous une tout autre impression que si vous aviez payé votre place pour le voir opérer, ou, lors même que vous eussiez obtenu une entrée de faveur, si vous saviez qu'il y a derrière tout cela une question d'argent; convenez qu'en voyant le premier animé d'un véritable sentiment religieux, stimulé par la foi seule, et non par l'appât du gain, involontairement il commandera votre respect, fût-il le plus humble prolétaire, et vous inspirera plus de confiance, car vous n'aurez aucun motif de suspecter sa loyauté. Eh bien ! Monsieur, vous en trouverez comme cela mille pour un, et c'est une des causes qui ont puissamment contribué au crédit et à la propagation de la doctrine, tandis que si elle n'avait eu que des interprètes intéressés, elle ne compterait pas le quart des adeptes qu'elle a aujourd'hui.

On le comprend si bien, que les médiums de profession sont excessivement rares, en France du moins; qu'ils sont inconnus dans la plupart des centres spirites de province, où la réputation de mercenaires suffirait pour les exclure de tous les groupes sérieux, et où, pour eux, le métier ne serait pas lucratif, en raison du discrédit dont il serait l'objet et de la concurrence des médiums désintéressés qui se trouvent partout.

Pour suppléer, soit à la faculté qui leur manque, soit à l'insuffisance de la clientèle, il est de soi-disant médiums qui cumulent, en pratiquant le jeu de cartes, le blanc d'œuf, le marc de café, etc., afin de satisfaire tous les goûts, espérant par ce moyen, à défaut des spirites, attirer ceux qui croient encore à ces stupidités. S'ils ne faisaient tort qu'à eux-mêmes, le mal serait peu de chose; mais il y a des gens qui, sans aller plus loin, confondent l'abus et la réalité, puis les malintentionnés qui en profitent pour dire que c'est là en quoi consiste le spiritisme. Vous voyez donc, Monsieur, que l'exploitation de la médiumnité conduisant à des abus préjudiciables à la doctrine, le spiritisme sérieux a raison de la désavouer, et de la répudier comme auxiliaire.

Le Visiteur. — Tout cela est très logique, j'en conviens, mais les médiums désintéressés ne sont pas à la disposition du premier venu, et l'on ne peut se permettre d'aller les déranger, tandis qu'on ne se fait pas scrupule d'aller chez celui qui se fait payer, parce qu'on sait no pas lui faire perdre son temps. S'il y avait des *médiums publics*, ce serait une facilité pour les personnes qui veulent se convaincre.

A. K. — Mais si les médiums publics, comme vous les appelez, n'offrent pas les garanties voulues, de quelle utilité peuvent-ils être pour la conviction? L'inconvénient que vous signalez ne détruit pas ceux bien autrement graves que j'ai développés. On irait chez eux plus par amusement ou pour se faire dire la bonne aventure que pour s'instruire. Celui qui veut sérieusement se convaincre en trouve tôt ou tard les moyens s'il y met de la persévérance et de la bonne volonté; mais ce n'est pas parce qu'il aura assisté à une séance qu'il sera convaincu, s'il n'y est préparé. S'il en emporte une impression défavorable, il le sera moins en sortant qu'en entrant, et peutêtre sera-t-il dégoûté de poursuivre une étude où il n'aura vu rien de sérieux; c'est ce que prouve l'expérience.

Mais à côté des considérations morales, les progrès de la science spirite nous montrent aujourd'hui une difficulté matérielle, que l'on ne soupçonnait pas dans e principe, en nous faisant mieux connaître les conditions dans lesquelles se produisent les manifestations. Cette difficulté tient aux affinités fluidiques qui doivent exister entre l'Esprit évoqué et le médium.

Je mets de côté toute pensée de fraude et de supercherie, et je suppose la plus entière loyauté. Pour qu'un médium de profession puisse offrir toute sécurité aux personnes qui viendraient le consulter, il faudrait qu'il possédât une faculté permanente et universelle, c'est-à-dire qu'il pût communiquer facilement avec tout Esprit et à tout moment donné, pour être constamment à la disposition du public, comme un médecin, et satisfaire à toutes les évocations qui lui seraient demandées; or, c'est ce qui n'existe chez aucun médium, pas plus chez ceux qui sont désintéressés que chez les autres, et cela par des causes indépendantes de la volonté de l'Esprit, mais que je ne puis développer ici, parce que je ne vous fais pas un cours de spiritisme. Je me bornerai à dire que les affinités fluidiques, qui sont le principe même des facultés médianimiques, sont *individuelles* et non *générales*, qu'elles peuvent exister du médium à tel Esprit et non à tel autre ; que sans ces affinités, dont les nuances sont très multiples, les communications sont incomplètes, fausses ou impossibles ; que le plus souvent l'assimilation fluidique entre l'Esprit et le médium ne s'établit qu'à la longue, et qu'il n'arrive pas *une fois sur dix* qu'elle soit complète dès la première fois. La médiumnité, comme vous le voyez, Monsieur, est subordonnée à des lois en quelque sorte organiques, auxquelles tout médium est assujetti ; or, on ne peut nier que ce ne soit un écueil pour la médiumnité de profession, puisque la possibilité et l'exactitude des communications tiennent à des causes indépendantes du médium et de l'Esprit (Voir ci-après, chap. II, paragraphe des *médiums.*)

Si donc nous repoussons l'exploitation de la médiumnité, ce n'est ni par caprice, ni par esprit de système, mais parce que les principes mêmes qui régissent les rapports avec le monde invisible, s'opposent à la régularité et à la précision nécessaires pour celui qui se met à la disposition du public, et que le désir de satisfaire une clientèle payante conduit à l'abus. Je n'en conclus pas que tous les médiums intéressés sont des charlatans, mais je dis que l'appât du gain pousse au charlatanisme et autorise le soupçon de supercherie, s'il ne le justifie pas. Celui qui veut se convaincre doit avant tout chercher les éléments de sincérité.

LES MÉDIUMS ET LES SORCIERS.

Le Visiteur. — Dès l'instant que la médiumnité consiste à se mettre en rapport avec les puissances occultes, il me semble que médiums et sorciers sont à peu près synonymes.

A. K. — Il y a eu à toutes les époques des médiums naturels et inconscients qui, par cela seul qu'ils produisaient des phénomènes insolites et incompris, ont été qualifiés de sorciers et accusés de pactisér avec le diable; il en a été de même de la plupart des savants qui possédaient des connaissances au-dessus du vulgaire. L'ignorance s'est exagéré leur pouvoir, et eux-mêmes ont souvent abusé de la crédulité publique en l'exploitant; de là la juste réprobation dont ils ont été l'objet. Il suffit de comparer le pouvoir attribué aux sorciers et la faculté des médiums véritables pour en faire la différence, mais la plupart des critiques ne se donnent pas cette peine. Le spiritisme, loin de ressusciter la sorcellerie, la détruit à jamais en la dépouillant de sa prétendue puissance surnaturelle, de ses formules, grimoires, amulettes et talismans, et en réduisant les phénomènes possibles à leur juste valeur, sans sortir des lois naturelles.

L'assimilation que certaines personnes prétendent établir, vient de l'erreur où elles sont que *les Esprits sont aux ordres des médiums*; il répugne à leur raison de croire qu'il puisse dépendre du premier venu de faire venir à sa volonté et à point nommé l'Esprit de tel ou tel personnage plus ou moins illustre; en cela ils sont parfaitement dans le vrai, et si, avant de jeter la pierre au spiritisme, ils avaient pris la peine de s'en rendre compte, ils sauraient qu'il dit positivement que *les Esprits ne sont aux caprices de personne, et que nul ne peut les faire venir à sa volonté et contre leur gré;* d'où il suit que les médiums ne sont pas des sorciers.

Le Visiteur. — D'après cela, tous les effets que certains médiums accrédités obtiennent à volonté et en public, ne seraient, selon vous, que de la jonglerie?

A. K. — Je ne le dis pas d'une manière absolue. De tels phénomènes ne sont pas impossibles, parce qu'il y a des Esprits de bas étage qui peuvent se prêter à ces sortes de choses, et qui s'en amusent, ayant peut-être déjà fait le métier de jongleurs de leur vivant, et aussi des médiums spécialement propres à ce genre de manifestations; mais le plus vulgaire bon sens repousse l'idée que des Esprits tant soit peu élevés viennent faire la parade et des tours de force pour amuser les curieux.

L'obtention de ces phénomènes à volonté, et surtout en public, est toujours suspecte; dans ce cas la médiumnité et la prestidigitation se touchent de si près qu'il est souvent bien difficile de les distinguer; avant d'y voir l'action des Esprits, il faut de minutieuses observations, et tenir compte soit du caractère et des antécédents du médium, soit d'une foule de circonstances qu'une étude approfondie de la théorie des phénomènes spirites peut seule faire apprécier. Il est à remarquer que ce genre de médiumnité, lorsque médiumnité il y a, est limité à la production du même phénomène, à quelques variantes près, ce qui n'est pas de nature à dissiper les doutes. Un désintéressement absolu serait la meilleure garantie de sincérité.

Quoi qu'il en soit de la réalité de ces phénomènes, comme effets médianimiques, ils ont un bon résultat, en ce qu'ils donnent du retentissement à l'idée spirite. La controverse qui s'établit à ce sujet provoque chez beaucoup de personnes une étude plus approfondie. Ce n'est certes pas là qu'il faut aller puiser des instructions sérieuses de spiritisme, ni la philosophie de la doctrine, mais c'est un moyen de forcer l'attention des indifférents et d'obliger les plus récalcitrants d'en parler.

DIVERSITÉ DANS LES ESPRITS.

Le Visiteur. — Vous parlez d'esprits bons ou mauvais, sérieux ou légers; je ne m'explique pas, je l'avoue, cette différence; il me semble qu'en quittant leur enveloppe corporelle, ils doivent se dépouiller des imperfections inhérentes à la matière; que la lumière doit se faire pour eux sur toutes les vérités qui nous sont cachées, et qu'ils doivent être affranchis des préjugés terrestres.

A. K. — Sans doute ils sont débarrassés des imperfections physiques, c'est-à-dire des maladies et des infirmités du corps; mais les imperfections morales tiennent à l'Esprit et non pas au corps. Dans le nombre il en est qui sont plus ou moins avancés intellectuellement et moralement. Ce serait une erreur de croire que les Esprits, en quittant leur corps matériel, sont subitement frappés de la lumière de vérité. Croyez-vous, par exemple, que lorsque vous mourrez, il n'y aura aucune différence entre votre Esprit et celui d'un sauvage ou d'un malfaiteur? S'il en était ainsi, à quoi vous servirait d'avoir travaillé à votre instruction et à votre amélioration, puisqu'un vaurien serait autant que vous après la mort? Le progrès des Esprits ne s'accomplit que graduellement, et quelquefois bien lentement. Dans le nombre, et cela dépend de leur épuration, il y en a qui voient les choses à un point de vue plus juste que de leur vivant; d'autres au contraire, ont encore les mêmes passions, les mêmes préjugés et les mêmes erreurs, jusqu'à ce que le temps et de nouvelles épreuves leur aient permis de s'éclairer. Notez bien que ceci est un résultat d'expérience, car c'est ainsi qu'ils se présentent à nous dans leurs communications. C'est donc un principe élémentaire du spiritisme que, parmi les Esprits, il y en a de tous les degrés d'intelligence et de moralité.

Le Visiteur. — Mais alors pourquoi les Esprits ne sont-ils pas tous parfaits? Dieu en a donc créé de toutes sortes de catégories.

A. K. — Autant vaudrait demander pourquoi tous les élèves d'un collège ne sont pas en philosophie. Les Esprits ont tous la même origine et la même destinée. Les différences qui existent entre eux ne constituent pas des espèces distinctes, mais des degrés divers d'avancement.

Les Esprits ne sont pas parfaits, parce que ce sont les âmes des hommes, et que les hommes ne sont pas parfaits; par la même raison, les hommes ne sont pas parfaits, parce qu'ils sont l'incarnation d'Esprits plus ou moins avancés. Le monde corporel et le monde spirituel se déversent incessamment l'un dans l'autre; par la mort du corps, le monde corporel fournit son contingent au monde spirituel; par les naissances, le monde spirituel alimente l'humanité. A chaque nouvelle existence, l'Esprit accomplit un progrès plus ou moins grand, et lorsqu'il a acquis sur la terre la somme de connaissances et l'élévation morale que comporte notre globe, il le quitte pour passer dans un monde plus élevé, où il apprend de nouvelles choses.

Les Esprits qui forment la population invisible de la terre sont en quelque sorte le reflet du monde corporel; on y retrouve les mêmes vices et les mêmes vertus; il y a parmi eux des savants, des ignorants et de faux savants, des sages et des étourdis, des philosophes, des raisonneurs - des systématiques; tous ne s'étant pas défaits de leurs préjugés, toutes les opinions politiques et religieuses y ont leurs représentants; chacun parle selon ses idées, et ce qu'ils disent n'est souvent que leur opinion personnelle; voilà pourquoi il ne faut pas croire aveuglément tout ce que disent les Esprits.

Le Visiteur. — S'il en est ainsi, j'aperçois une immense difficulté; dans ce conflit d'opinions diverses, comment distinguer l'erreur de la vérité? Je ne vois pas que les Esprits nous servent à grand'chose, et ce que nous avons à gagner à leur conversation.

A. K. — Les Esprits ne serviraient-ils qu'à nous apprendre qu'il y a des Esprits, et que ces Esprits sont les âmes des hommes, ne serait-ce pas d'une grande importance pour tous ceux qui doutent s'ils ont une âme, et qui ne savent ce qu'ils deviendront après la mort?

Comme toutes les sciences philosophiques, celle-ci exige de longues études et de minutieuses observations; c'est alors qu'on apprend à distinguer la vérité de l'imposture, et les moyens d'éloigner les Esprits trompeurs. Au-dessus de cette tourbe de bas étage, il y a les Esprits supérieurs, qui n'ont en vue que le bien et qui ont pour mission de conduire les hommes dans la bonne voie; c'est à nous de savoir les apprécier et les comprendre. Ceux-là nous apprennent de grandes choses; mais ne croyez pas que l'étude des autres soit inutile; pour connaître un peuple il faut le voir sous toutes ses faces.

Vous en êtes vous-mêmes la preuve; vous pensiez qu'il suffisait aux Esprits de quitter leur enveloppe corporelle pour se dépouiller de leurs imperfections; or, ce sont les communications avec eux qui nous appris le contraire, et nous ont fait connaître le véritable état du monde spirituel, qui nous intéresse tous au plus haut point, puisque tous nous devons y aller. Quant aux erreurs qui peuvent naître de la divergence d'opinion parmi les Esprits, elles disparaissent d'elles-mêmes, à mesure que l'on apprend à distinguer les bons des mauvais, les savants des ignorants, les sincères des hypocrites, absolument comme parmi nous; alors le bon sens fait justice des fausses doctrines.

Le Visiteur. — Mon observation subsiste toujours au point de vue des questions scientifiques et autres que l'o peut soumettre aux Esprits. La divergence de leurs opinions sur les théories qui divisent les savants nous laisse dans l'incertitude. Je comprends que tous n'étant pas instruits au même degré, ils ne peuvent tout savoir; mais alors, de quel poids peut être pour nous l'opinion de ceux qui savent, si nous ne pouvons vérifier qui a tort ou raison? Autant vaut s'adresser aux hommes qu'aux Esprits.

A. K. Cette réflexion est encore une suite de l'ignorance du véritable caractère du spiritisme. Celui qui croit y trouver un moyen facile de tout savoir, de tout découvrir, est dans une grande erreur. Les Esprits ne sont point chargés de venir nous apporter la science toute faite; ce serait en effet par trop commode si nous n'avions qu'à demander pour être servis, et nous épargner ainsi la peine des recherches. Dieu veut que nous travaillions, que notre pensée s'exerce : nous n'acquérons la science qu'à ce prix ; les Esprits ne viennent pas nous affranchir de cette nécessité ; *ils sont ce qu'ils sont ; le spiritisme a pour objet de les étudier,* afin de savoir par analogie ce que nous serons un jour, et non de nous faire connaître ce qui doit nous être caché, ou nous révéler les choses avant le temps.

Les Esprits ne sont pas non plus des diseurs de bonne aventure, et quiconque se flatte d'en obtenir certains secrets se prépare d'étranges déceptions de la part des Esprits moqueurs; en un mot, *le spiritisme est une science d'observation et non une science de divination ou de spéculation.* Nous l'étudions pour connaître l'état des individualités du monde invisible, les rapports qui existent entre elles et nous, leur action occulte sur le monde visible, et non pour l'utilité matérielle que nous en pouvons tirer. A ce point de vue, il n'est aucun Esprit dont l'étude soit inutile ; nous apprenons quelque chose avec tous ; leurs imperfections, leurs défauts, leur insuffisance, leur ignorance même sont autant de sujets d'observation qui nous initient à la nature intime de ce monde; et quand ce ne sont pas eux qui nous instruisent par leur enseignement, c'est nous qui nous instruisons en les étudiant, comme nous le faisons quand nous observons les mœurs d'un peuple que nous ne connaissons pas.

Quant aux Esprits éclairés, ils nous apprennent beaucoup, mais dans la limite des choses possibles, et il ne faut pas leur demander ce qu'ils ne peuvent pas ou ne doivent pas nous révéler; il faut se contenter de ce qu'ils nous disent ; vouloir aller au delà, c'est s'exposer aux mystifications des Esprits légers, toujours prêts à répondre à tout. L'expérience nous apprend à juger le degré de confiance que nous pouvons leur accorder.

UTILITÉ PRATIQUE DES MANIFESTATIONS.

Le Visiteur. — Je suppose que la chose soit constatée, et le spiritisme reconnu comme une réalité ; quelle peut en être l'utilité pratique? On s'en est passé jusqu'à présent, il me semble qu'on pourrait bien encore s'en passer et vivre fort tranquillement sans cela.

A. K. — On pourrait en dire autant des chemins de fer et de la vapeur sans lesquels on vivait très bien.

Si vous entendez par utilité pratique, les moyens de bien vivre, de faire fortune, de connaître l'avenir, de découvrir des mines de charbon ou des trésors cachés, de recouvrer des héritages, de s'épargner le travail des recherches, il ne sert à rien ; il ne peut faire **hausser** ni baisser la Bourse, ni être mis en actions, ni même donner des inventions toutes faites, prêtes à être exploitées. A ce point de vue, combien de sciences seraient inutiles ! Combien y en a-t-il qui sont sans avantages, commercialement parlant ! Les hommes se portaient tout aussi bien avant la découverte de toutes les nouvelles planètes ; avant qu'on ne sût que c'est la terre qui tourne et non le soleil, avant qu'on n'eût calculé les éclipses ; avant qu'on ne connût le monde microscopique et cent autres choses. Le paysan, pour vivre et faire pousser son blé, n'a pas besoin de savoir ce que c'est qu'une comète. Pourquoi donc les savants se livrent-ils à ces recherches, et qui oserait dire qu'ils perdent leur temps ?

Tout ce qui sert à soulever un coin du voile aide au développement de l'intelligence, élargit le cercle des idées en nous faisant pénétrer plus avant dans les lois de la nature. Or, le monde des Esprits existe en vertu d'une de ces lois de la nature ; le spiritisme nous fait connaître cette loi ; il nous apprend l'influence que le monde invisible exerce sur le monde visible, et les rapports qui existent entrent eux, comme l'astronomie nous apprend les rapports des astres avec la terre ; il nous le montre comme une des forces qui régissent l'univers et contribuent au maintien de l'harmonie générale. Supposons que là se borne son utilité, ne serait-ce pas déjà beaucoup que la révélation d'une pareille puissance, abstraction faite de toute doctrine morale ? N'est-ce donc rien que tout un monde nouveau qui se révèle à nous, si surtout la connaissance de ce monde nous met sur la voie d'une foule de problèmes insolubles jusqu'alors ; si elle nous initie aux mystères d'outre-tombe, qui nous intéressent bien quelque peu, puisque tous, tant que nous sommes, devons tôt ou tard franchir le pas

fatal? Mais il est une autre utilité plus positive du spiritisme, c'est l'influence morale qu'il exerce par la force
même des choses. Le spiritisme est la preuve patente de
l'existence de l'âme, de son individualité après la mort,
de son immortalité, de son sort à venir; c'est donc la
destruction du matérialisme, non par le raisonnement,
mais par les faits.

Il ne faut demander au spiritisme que ce qu'il peut
donner, et ne pas y chercher au delà de son but providentiel. Avant les progrès sérieux de l'astronomie on
croyait à l'astrologie. Serait-il raisonnable de prétendre
que l'astronomie ne sert à rien, parce qu'on ne peut
plus trouver dans l'influence des astres le pronostic de
sa destinée? De même que l'astronomie a détrôné les as-
trologues, le spiritisme détrône les devins, les sorciers
et les diseurs de bonne aventure. Il est à la magie ce que
l'astronomie est à l'astrologie, la chimie à l'alchimie.

FOLIE ; SUICIDE ; OBSESSION.

Le Visiteur. — Certaines personnes regardent les
idées spirites comme de nature à troubler les facultés
mentales, et c'est à ce titre qu'elles trouveraient pru-
dent d'en arrêter l'essor.

A. K. — Vous connaissez le proverbe : Quand on veut
tuer son chien, on dit qu'il est enragé. Il n'est donc pas
étonnant que les ennemis du spiritisme cherchent à s'appuyer sur tous les prétextes; celui-là leur a paru propre
à éveiller les craintes et les susceptibilités, ils l'ont saisi
avec empressement; mais il tombe devant le plus léger
examen. Écoutez donc sur cette folie le raisonnement
d'un fou.

Toutes les grandes préoccupations de l'esprit peuvent
occasionner la folie; les sciences, les arts, la religion

même fournissent leur contingent. La folie a pour principe un état pathologique du cerveau, instrument de la pensée : l'instrument étant désorganisé, la pensée est altérée. La folie est donc un effet consécutif, dont la cause première est une prédisposition organique qui rend le cerveau plus ou moins accessible à certaines impressions ; et cela est si vrai que vous avez des gens qui pensent énormément et qui ne deviennent pas fous ; d'autres qui le deviennent sous l'empire de la moindre surexcitation. Étant donnée une prédisposition à la folie, celle-ci prendra le caractère de la préoccupation principale, qui devient alors une idée fixe. Cette idée fixe pourra être celle des Esprits chez celui qui s'en est occupé, comme elle pourra être celle de Dieu, des anges, du diable, de la fortune, de la puissance, d'un art, d'une science, de la maternité, d'un système politique ou social. Il est probable que le fou religieux fût devenu un fou spirite, si le spiritisme eût été sa préoccupation dominante. Un journal a dit, il est vrai, que, dans une seule localité d'Amérique, dont je ne me rappelle plus le nom, on comptait quatre mille cas de folie spirite ; mais on sait que, chez nos adversaires, c'est une *idée fixe* de se croire seuls doués de raison, et c'est là une manie comme une autre. A leurs yeux, nous sommes tous dignes des Petites-Maisons, et, par conséquent, les quatre mille spirites de la localité en question devaient être autant de fous. A ce compte, les États-Unis en ont des centaines de mille, et tous les autres pays du monde un bien plus grand nombre. Cette mauvaise plaisanterie commence à s'user depuis qu'on voit cette folie gagner les rangs les plus élevés de la société. On fait grand bruit d'un exemple connu, de Victor Hennequin ; mais on oublie qu'avant de s'occuper des Esprits, il avait déjà donné des preuves d'excentricité dans les idées ; si les tables tournantes ne fussent pas venues, qui, selon un jeu de mot bien spirituel de nos adversaires, lui ont fait tourner la tête, sa folie eût pris un autre cours.

Je dis donc que le spiritisme n'a aucun privilége sous ce rapport; mais je vais plus loin : je dis que, bien compris, c'est un préservatif contre la folie et le suicide.

Parmi les causes les plus nombreuses de surexcitation cérébrale, il faut compter les déceptions, les malheurs, les affections contrariées, qui sont en même temps les causes les plus fréquentes de suicide. Or, le vrai spirite voit les choses de ce monde d'un point de vue si élevé, que les tribulations ne sont pour lui que les incidents désagréables d'un voyage. Ce qui, chez un autre, produirait une violente émotion, l'affecte médiocrement. Il sait d'ailleurs que les chagrins de la vie sont des épreuves qui servent à son avancement s'il les subit sans murmure, parce qu'il sera récompensé selon le courage avec lequel il les aura supportées. Ses convictions lui donnent donc une résignation qui le préserve du désespoir, et, par conséquent, d'une cause incessante de folie et de suicide. Il sait en outre, par le spectacle que lui donnent les communications avec les Esprits, le sort déplorable de ceux qui abrégent volontairement leurs jours, et ce tableau est bien fait pour le faire réfléchir; aussi le nombre de ceux qui ont été arrêtés sur cette pente funeste est-il considérable. C'est là un des résultats du spiritisme.

Au nombre des causes de folie, il faut encore placer la frayeur, et celle du diable a dérangé plus d'un cerveau. Sait-on le nombre de victimes que l'on a faites en frappant de faibles imaginations avec ce tableau que l'on s'ingénie à rendre plus effrayant par de hideux détails? Le diable, dit-on, n'effraie que les petits enfants; c'est un frein pour les rendre sages; oui, comme Croquemitaine et le loup-garou, et quand ils n'en ont plus peur, ils sont pires qu'avant; et pour ce beau résultat, on ne compte pas le nombre des épilepsies causées par l'ébranlement d'un cerveau délicat.

Il ne faut pas confondre la *folie pathologique* avec *l'obsession;* celle-ci ne vient d'aucune lésion cérébrale, mais de la subjugation que des Esprits malfaisants exercent sur certains individus, et a parfois les apparences de la folie proprement dite. Cette affection, qui est très fréquente, est indépendante de toute croyance au spiritisme, et a existé de tous temps. Dans ce cas, la médication ordinaire est impuissante et même nuisible. Le spiritisme, en faisant connaître cette nouvelle cause de trouble dans l'économie, donne en même temps le seul moyen d'en triompher, en agissant, non sur le malade, mais sur l'Esprit obsesseur. Il est le remède et non la cause du mal.

OUBLI DU PASSÉ.

Le Visiteur. — Je ne m'explique pas comment l'homme peut profiter de l'expérience acquise dans ses existences antérieures, s'il n'en a pas le souvenir; car, du moment qu'il ne s'en souvient pas, chaque existence est pour lui comme si elle était la première, et c'est ainsi toujours à recommencer. Supposons que chaque jour, à notre réveil, nous perdions la mémoire de ce que nous avons fait la veille, nous ne serions pas plus avancés à soixante-dix ans qu'à dix ans; tandis que, nous rappelant nos fautes, nos maladresses et les punitions que nous avons encourues, nous tâcherions de ne pas recommencer. Pour me servir de la comparaison que vous avez faite de l'homme sur la terre avec l'élève d'un collège, je ne comprendrais pas que cet élève pût profiter des leçons de Quatrième, par exemple, s'il ne se souvient pas de ce qu'il a appris en Cinquième. Ces solutions de continuité, dans la vie de l'Esprit, interrompent toutes les relations et en font, en quelque sorte, un être nouveau; d'où l'on peut dire que nos pensées meurent à chaque existence, pour renaître sans conscience de ce que l'on a été; c'est une sorte de néant.

A. K. — De questions en questions vous me conduiriez à vous faire un cours complet de spiritisme; toutes les objections que vous faites sont naturelles chez celui qui ne sait rien, tandis qu'il trouve, dans une étude sérieuse, une solution bien plus explicite que celle que je puis donner dans une explication sommaire qui, elle-même, doit provoquer incessamment de nouvelles questions. Tout s'enchaîne dans le spiritisme, et quand on suit l'ensemble, on voit que les principes découlent les uns des autres, se servant mutuellement d'appui; et alors, ce qui paraissait une anomalie contraire à la justice et à la sagesse de Dieu, semble tout naturel et vient confirmer cette justice et cette sagesse.

Tel est le problème de l'oubli du passé qui se rattache à d'autres questions d'une égale importance, c'est pourquoi je ne ferai que l'effleurer ici.

Si à chaque existence un voile est jeté sur le passé, l'Esprit ne perd rien de ce qu'il a acquis dans le passé : il n'oublie que la manière dont il l'a acquis. Pour me servir de la comparaison de l'écolier, je dirai que : peu importe pour lui de savoir où, comment, et sous quels professeurs il a fait sa Cinquième, si, en arrivant en Quatrième, il sait ce que l'on apprend en Cinquième. Que lui importe de savoir qu'il a été fustigé pour sa paresse et son insubordination, si ces châtiments l'ont rendu laborieux et docile? C'est ainsi qu'en se réincarnant, l'homme apporte, par intuition et comme idées innées, ce qu'il a acquis en science et en moralité. Je dis en moralité, car si, pendant une existence , il s'est amélioré, s'il a profité des leçons de l'expérience, quand il reviendra, il sera instinctivement meilleur ; son Esprit, mûri à l'école de la souffrance et par le travail, aura plus de solidité ; loin d'avoir tout à recommencer, il possède un fonds de plus en plus riche, sur lequel il s'appuie pour acquérir davantage.

La seconde partie de votre objection, touchant le néant de la pensée, n'est pas mieux fondée, car cet oubli n'a lieu que pendant la vie corporelle ; en la quittant, l'Esprit recouvre le souvenir de son passé ; il peut alors juger du chemin qu'il a fait, et de ce qui lui reste encore à faire ; de sorte qu'il n'y a pas solution de continuité dans la vie spirituelle, qui est la vie normale de l'Esprit.

L'oubli temporaire est un bienfait de la Providence ; l'expérience est souvent acquise par de rudes épreuves et de terribles expiations, dont le souvenir serait très pénible et viendrait s'ajouter aux angoisses des tribulations de la vie présente. Si les souffrances de la vie paraissent longues, que serait-ce donc si leur durée s'augmentait du souvenir des souffrances du passé ? Vous, par exemple, Monsieur, vous êtes aujourd'hui un honnête homme, mais vous le devez peut-être aux rudes châtiments que vous avez subis pour des méfaits qui maintenant répugneraient à votre conscience ; vous serait-il agréable de vous souvenir d'avoir été pendu pour cela ? La honte ne vous poursuivrait-elle pas en songeant que le monde sait le mal que vous avez fait ? Que vous importe ce que vous avez pu faire et ce que vous avez pu endurer pour l'expier, si maintenant vous êtes un homme estimable ! Aux yeux du monde, vous êtes un homme nouveau, et aux yeux de Dieu un Esprit réhabilité. Délivré du souvenir d'un passé importun, vous agissez avec plus de liberté ; c'est pour vous un nouveau point de départ ;

vos dettes antérieures sont payées, c'est à vous de n'en pas contracter de nouvelles.

Que d'hommes voudraient ainsi pouvoir, pendant la vie, jeter un voile sur leurs premières années! Combien se sont dit, sur la fin de leur carrière : « Si c'était à recommencer, je ne ferais pas ce que j'ai fait! » Eh bien! ce qu'ils ne peuvent pas refaire dans cette vie, ils le referont dans une autre; dans une nouvelle existence, leur Esprit apportera, à l'état d'intuition, les bonnes résolutions qu'ils auront prises. C'est ainsi que s'accomplit graduellement le progrès de l'humanité.

Supposons encore, ce qui est un cas très ordinaire, que, dans vos relations, dans votre intérieur même, se trouve un être dont vous avez eu à vous plaindre, qui peut-être vous a ruiné ou déshonoré dans une autre existence, et qui, Esprit repentant, vienne s'incarner au milieu de vous, s'unir à vous par des liens de la famille, pour réparer ses torts envers vous par son dévoûment et son affection, ne seriez-vous pas mutuellement dans la plus fausse position si, tous les deux, vous vous souveniez de vos inimitiés? Au lieu de s'apaiser, les haines s'éterniseraient.

Concluez de là que le souvenir du passé porterait la perturbation dans les rapports sociaux, et serait une entrave au progrès. En voulez-vous une preuve actuelle? Qu'un homme condamné aux galères prenne la ferme résolution de devenir honnête; qu'advient-il à sa sortie? il est repoussé de la société, et cette répulsion le replonge presque toujours dans le vice. Supposons, au contraire, que tout le monde ignore ses antécédents, il sera bien accueilli; si lui-même pouvait les oublier, il n'en serait pas moins honnête et pourrait marcher la tête levée, au lieu de la courber sous la honte du souvenir.

Ceci concorde parfaitement avec la doctrine des Esprits sur les mondes supérieurs au nôtre. Dans ces mondes où ne règne que le bien, le souvenir du passé n'a rien de pénible; voilà pourquoi on s'y souvient de son existence précédente comme nous nous souvenons de ce que nous avons fait la veille. Quant au séjour qu'on a pu faire dans les mondes inférieurs, ce n'est plus qu'un mauvais rêve.

ÉLÉMENTS DE CONVICTION.

Le Visiteur. — Je conviens, Monsieur, qu'au point de vue philosophique la doctrine spirite est parfaitement rationnelle; mais il reste toujours la question des manifestations, qui ne peut être résolue que par des faits; or, c'est la réalité de ces faits que beaucoup de personnes contestent; vous ne devez pas trouver étonnant le désir qu'on exprime d'en être témoin.

A. K. — Je le trouve très naturel; seulement, comme je cherche à ce qu'ils profitent, j'explique dans quelles conditions il convient de se placer pour les mieux observer, et surtout pour les comprendre; or, celui qui ne veut pas se placer dans ces conditions, c'est qu'il n'y a pas chez lui envie sérieuse de s'éclairer, et alors il est inutile de perdre son temps avec lui.

Vous conviendrez aussi, Monsieur, qu'il serait étrange qu'une philosophie rationnelle fût sortie de faits illusoires et controuvés. En bonne logique, la réalité de l'effet implique la réalité de la cause; si l'un est vrai, l'autre ne peut être fausse, car là où il n'y aurait point d'arbre, on ne saurait récolter des fruits.

Tout le monde, il est vrai, n'a pu constater les faits, parce que tout le monde ne s'est pas mis dans les conditions voulues pour les observer et n'y a pas apporté la patience et la persévérance nécessaires. Mais il en est ici comme dans toutes les sciences : ce que les uns

ne font pas, d'autres le font; tous les jours, on accepte
le résultat des calculs astronomiques, sans les avoir
faits soi-même. Quoi qu'il en soit, si vous trouvez la
philosophie bonne, vous pouvez l'accepter comme
vous en accepteriez une autre, tout en réservant votre opinion sur les voies et moyens qui y ont conduit,
ou, tout au moins, en n'admettant ceux-ci qu'à titre
d'hypothèse jusqu'à plus ample constatation.

Les éléments de conviction ne sont pas les mêmes
pour tout le monde; ce qui convainc les uns ne fait
aucune impression sur d'autres : c'est pourquoi il faut
un peu de tout. Mais c'est une erreur de croire que
les expériences physiques soient le seul moyen de
convaincre. J'en ai vu que les phénomènes les plus
remarquables n'ont pu ébranler et dont une simple
réponse écrite a triomphé. Lorsqu'on voit un fait que
l'on ne comprend pas, plus il est extraordinaire, plus
il paraît suspect, et la pensée y cherche toujours une
cause vulgaire; si l'on s'en rend compte, on l'admet
bien plus facilement, parce qu'il a une raison d'être :
le merveilleux et le surnaturel disparaissent. Certes,
les explications que je viens de vous donner dans
cet entretien sont loin d'être complètes; mais, toutes
sommaires qu'elles sont, je suis persuadé qu'elles
vous donneront à réfléchir; et, si les circonstances
vous rendent témoin de quelques faits de manifestation, vous les verrez d'un œil moins prévenu, parce
que vous pourrez asseoir un raisonnement sur une base.

Il y a deux choses dans le spiritisme : la partie
expérimentale des manifestations et la doctrine
philosophique. Or, je suis tous les jours vi-
sité par des gens qui n'ont rien vu et qui
croient aussi fermement que moi, par la seule
étude qu'ils ont faite de la partie philoso-

phique; pour eux, le phénomène des manifestations est l'accessoire; le fond, c'est la doctrine, la science; ils la voient si grande, si rationnelle, qu'ils y trouvent tout ce qui peut satisfaire leurs aspirations intérieures, à part le fait des manifestations; d'où ils concluent qu'en supposant que les manifestations n'existent pas, la doctrine n'en serait pas moins celle qui résout le mieux une foule de problèmes réputés insolubles, Combien n'ont dit que ces idées avaient germé dans leur cerveau, mais qu'elles y étaient confuses. Le spiritisme est venu les formuler, leur donner un corps, et il a été pour eux comme un trait de lumière. C'est ce qui explique le nombre d'adeptes qu'a faits la seule lecture du *Livre des Esprits*. Croyez-vous qu'il en serait ainsi si l'on ne fût pas sorti des tables tournantes et parlantes?

Le Visiteur. — Vous aviez raison de dire, monsieur, que des tables tournantes était sortie une doctrine philosophique; et j'étais loin de soupçonner les conséquences qui pouvaient surgir d'une chose que l'on regardait comme un simple objet de curiosité. Je vois maintenant combien est vaste le champ ouvert par votre système.

A. K. — Ici je vous arrête, monsieur; vous me faites trop d'honneur en m'attribuant ce système, car il ne m'appartient pas. Il est tout entier déduit de l'enseignement des Esprits. J'ai vu, observé, coordonné, et je cherche à faire comprendre aux autres ce que je comprends moi-même; voilà toute la part qui m'en revient. Il y a entre le spiritisme et les autres systèmes philosophiques cette différence capitale, que ces derniers sont tous l'œuvre d'hommes plus ou moins éclairés, tandis que dans celui que vous m'attribuez, je n'ai pas le mérite de l'invention d'un seul principe. On dit : la philosophie de Platon, de Descartes, de Leibnitz; on ne dira point : la doctrine d'Allan Kardec, et cela est heureux; car de quel poids serait un nom dans une aussi grave question? Le spiritisme a des auxiliaires bien autrement prépondérants et auprès desquels nous ne sommes que des atomes

SOCIÉTÉ POUR LA CONTINUATION DES ŒUVRES SPIRITES
D'ALLAN KARDEC, 7, RUE DE LILLE.

Le Visiteur. — Vous avez une société qui s'occupe de ces études; me serait-il possible d'en faire partie?

A. K. — Assurément non, pas pour le moment; car si, pour être reçu, il n'est pas nécessaire d'être docteur ès-Spiritisme, il faut au moins avoir sur ce sujet des idées plus arrêtées que les vôtres. Comme elle ne veut point être troublée dans ses études, elle ne peut admettre ceux qui viendraient lui faire perdre son temps par des qusstions élémentaires, ni ceux qui, ne sympathisant pas avec ses principes et ses convictions, y jetteraient le désordre par des discussions intempestives ou un esprit de contradiction. C'est une société scientifique comme tant d'autres, qui s'occupe d'approfondir les différents points de la science spirite, et qui cherche à s'éclairer; c'est le centre où aboutissent les renseignements de toutes les parties du monde, et où s'élaborent et se coordonnent les questions qui se rattachent au progrès de la science; mais ce n'est pas une école, ni un cours d'enseignement élémentaire. Plus tard, quand vos convictions seront formées par l'étude, elle verra s'il y a lieu de vous admettre. En attendant, vous pourrez tout au plus y assister une ou deux fois comme auditeur, à la condition de n'y faire aucune réflexion de nature à froisser personne, sans quoi, moi, qui vous y aurais introduit, j'encourrais des reproches de la part de mes collègues, et la porte vous en serait à jamais interdite. Vous y verrez une réunion d'hommes graves et de bonne compagnie, dont la plupart se recommandent par la supériorité de leur savoir et leur position sociale, et qui ne souffriraient pas que ceux qu'elle veut bien admettre s'écartassent en quoi que ce soit des convenances; car ne croyez pas qu'elle convie le public et qu'elle appelle le premier venu à ses séances. Comme elle ne fait point de démonstrations en vue de satisfaire la curiosité, elle écarte avec soin les curieux. Ceux donc qui croiraient y trouver une distraction et une sorte de spectacle seraient désappointés et feront mieux de ne pas s'y présenter. Voilà pourquoi elle refuse d'admettre, même comme simples auditeurs, ceux qu'elle ne connaît pas, ou dont les dispositions hostiles sont notoires.

INTERDICTION DU SPIRITISME.

Le Visiteur. — Une dernière question, je vous prie. Le spiritisme a de puissants ennemis ; ne pourraient-ils en faire interdire l'exercice et les sociétés, et par ce moyen en arrêter la propagation?

A. K. — Ce serait le moyen de perdre la partie un peu plus vite, car la violence est l'argument de ceux qui n'ont rien de bon à dire. Si le spiritisme est une chimère, il tombera de lui-même sans qu'on se donne tant de peine ; si on le persécute, c'est qu'on le craint, et l'on ne craint que ce qui est sérieux. Si c'est une réalité, il est, comme je l'ai dit, dans la nature, et on ne révoque pas une loi de nature d'un trait de plume.

Si les manifestations spirites étaient le privilège d'un homme, nul doute qu'en mettant cet homme de côté, on ne mît fin aux manifestations; malheureusement pour les adversaires, elles ne sont un mystère pour personne; il n'y a rien de secret, rien d'occulte, tout se passe au grand jour; elles sont à la disposition de tout le monde, et l'on en use depuis le palais

jusqu'à la mansarde. On peut en interdire l'exercic
public; mais on sait précisément que ce n'est pas er
public qu'elles se produisent le mieux : c'est dans l'in
timité; or, chacun pouvant être médium,, qui peu
empêcher une famille dans son intérieur, un individu
dans le silence du cabinet, le prisonnier sous les
verrous, d'avoir des communications avec les Esprits, à l'insu et à la barbe même des sbires? Admettons pourtant qu'un gouvernement fût assez fort
pour les empêcher chez lui, les empêchera-t-il chez
ses voisins, dans le monde entier, puisqu'il n'y a pas
un pays dans les deux continents où il n'y ait des
médiums?

Le spiritisme, d'ailleurs, n'a pas sa source parmi
les hommes; il est l'œuvre des Esprits que l'on ne
peut ni brûler, ni mettre en prison. Il consiste dans
la croyance individuelle et non dans les sociétés qui
ne sont nullement nécessaires. Si l'on parvenait à
détruire tous les livres spirites, les Esprits les dic-
teraient de nouveau.

En résumé, le spiritisme est aujourd'hui un fait acquis; il a conquis sa place dans l'opinion et parmi les
doctrines philosophiques; il faut donc que ceux à
qui il ne convient pas prennent leur parti de le voir
à leurs côtés, tout en restant parfaitement libres de
n'y pas toucher.

TROISIEME ENTRETIEN. — LE PRETRE

Un Abbé. — Me permettrez-vous, monsieur, de
vous adresser à mon tour quelques questions?

A. K. — Volontiers, monsieur; mais avant de
vous répondre, je crois utile de vous faire connaître
le terrain sur lequel j'entends me placer avec vous.

Je dois tout d'abord vous déclarer que je ne chercherai nullement à vous convertir à nos idées. Si vous voulez les connaître en détail, vous les trouverez dans les livres où elles sont exposées; là, vous pourrez les étudier à loisir, et vous serez libre de les accepter ou de les rejeter.

Le spiritisme a pour but de combattre l'incrédulité et ses funestes conséquences, en donnant des preuves patentes de l'existence de l'âme et la vie future; il s'adresse donc à ceux qui ne croient à rien *ou qui doutent*, et le nombre en est grand, vous le savez; ceux qui ont une foi religieuse, et à qui *cette foi suffit*, n'en ont pas besoin. A celui qui dit : « Je crois à l'autorité de l'Église et je m'en tiens à ce qu'elle enseigne, sans rien chercher au delà, » le spiritisme répond qu'il ne s'impose à personne et ne vient forcer aucune conviction.

La liberté de conscience est une conséquence de la liberté de penser, qui est un des attributs de l'homme; le spiritisme serait en contradiction avec ses principes de charité et de tolérance s'il ne la respectait pas. A ses yeux, toute croyance, lorsqu'elle est sincère et ne porte pas à faire de tort à son prochain, est respectable, fût-elle même erronée. Si quelqu'un trouvait sa conscience engagée à croire, par exemple, que c'est le soleil qui tourne, nous lui dirions : Croyez-le si cela vous plaît, car cela n'empêchera pas la terre de tourner; mais, de même que nous ne cherchons pas à violenter votre conscience, ne cherchez pas à violenter celle des autres. Si d'une croyance, innocente en elle-même, vous faites un instrument de persécution, elle devient nuisible et peut être combattue.

Telle est, monsieur l'abbé, la ligne de conduite que j'ai tenue avec les ministres des divers cultes qui se sont adressés à moi. Lorsqu'ils m'ont questionné sur quelques-uns des points de la doctrine, je leur ai donné les explications nécessaires, tout en m'abstenant de discuter certains dogmes dont le spiritisme n'a pas à se préoccuper, chacun étant libre dans son appréciation; mais je ne suis jamais allé les chercher dans le dessein d'ébranler leur foi par une pression quelconque. Celui qui vient à nous comme un frère, nous l'accueillons en frère; celui qui nous repousse, nous le laissons en repos. C'est le conseil que je n'ai cessé de donner aux spirites, car je n'ai jamais approuvé ceux qui s'attribuent la mission de convertir le clergé. Je leur ai toujours dit : Semez dans le champ des incrédules, car là est une ample moisson à faire.

Le spiritisme ne s'impose pas, parce que, comme je l'ai dit, il respecte la liberté de conscience; il sait, d'ailleurs, que toute croyance imposée est superficielle et ne donne que les apparences de la foi, mais non la foi sincère. Il expose ses principes aux yeux de tous, de manière à ce que chacun puisse se former une opinion en connaissance de cause. Ceux qui les acceptent, prêtres ou laïques, le font librement, et parce qu'ils les trouvent rationnels; mais nous n'en voulons nullement à ceux qui ne sont pas de notre avis. S'il y a lutte aujourd'hui entre l'Église et le spiritisme, nous avons la conscience dè ne l'avoir point provoquée.

Le Prêtre. — Si l'Église, en voyant surgir une nouvelle doctrine, y trouve des principes que, dans sa conscience, elle croit devoir condamner, lui contestez-vous donc le droit de les discuter et de les combattre, de prémunir les fidèles contre ce qu'elle considère comme des erreurs?

A. K. — En aucune façon nous ne contestons un droit que nous réclamons pour nous-mêmes. Si elle se fût renfermée dans les limites de la discussion, rien de mieux; mais lisez la plupart des écrits émanés de ses membres ou publiés au nom de la religion, des sermons qui ont été prêchés, vous y verrez l'injure et la calomnie déborder de toutes parts, les principes de la doctrine partout indignement et méchamment travestis. N'a-t-on pas entendu du haut de la chaire ses partisans qualifiés d'ennemis de la société et de l'ordre public? ceux qu'elle a ramenés à la foi, anathématisés et rejetés de l'Eglise par cette raison qu'il vaut encore mieux être incrédule que croire à Dieu et à son âme par le spiritisme? N'a-t-on pas regretté pour eux les bûchers de l'inquisition? Dans certaines localités, ne les a-t-on pas signalés à l'animadversion de leurs concitoyens, jusqu'à les faire poursuivre et injurier dans les rues? N'a-t-on pas enjoint à tous les fidèles de les fuir comme des pestiférés, détourné les domestiques d'entrer à leur service? Des femmes n'ont-elles pas été sollicitées de se séparer de leurs maris, et des maris de leurs femmes pour cause de spiritisme? N'a-t-on pas fait perdre leur place à des employés, retiré à des ouvriers le pain du travail, à des malheureux celui de la charité, parce qu'ils étaient spirites? N'a-t-on pas renvoyé de certains hospices jusqu'à des aveugles, parce qu'ils n'avaient pas voulu abjurer leur croyance? Dites-moi, monsieur l'abbé, est-ce là de la discussion loyale? Les spirites ont-ils rendus l'injure pour l'injure, le mal pour le mal? Non. A tout ils ont opposé le calme et la modération. La conscience publique leur a déjà rendu cette justice qu'ils n'ont pas été les agresseurs.

Le Prêtre. — Tout homme sensé déplore ces excès; mais l'Eglise ne saurait être responsable des abus commis par quelques-uns de ses membres peu éclairés.

A. K. — J'en conviens; mais sont-ce des membres peu éclairés que les princes de l'Eglise? Voyez le mandement de l'évêque d'Alger et quelques autres. N'est-ce pas un évêque qui a ordonné l'auto-da-fé de Barcelone? L'autorité supérieure ecclésiastique n'at-elle pas tout pouvoir sur ses subordonnés? Si donc elle tolère des sermons indignes de la chaire évangélique, si elle favorise la publication d'écrits injurieux et diffamatoires envers une classe de citoyens, si elle ne s'oppose pas aux persécutions exercées au nom de la religion, c'est qu'elle les approuve.

En résumé, l'Eglise en repoussant systématiquement les spirites qui revenaient à elle les a forcés de se replier sur eux-mêmes; par la nature et la violence de ses attaques, elle a élargi la discussion et l'a portée sur un nouveau terrain. Le spiritisme n'était qu'une simple doctrine philosophique; c'est elle-même qui l'a grandi en le présentant comme un ennemi redoutable; c'est elle enfin qui l'a proclamé religion nouvelle. C'était une maladresse, mais la passion ne raisonne pas.

Un libre penseur. — Vous avez proclamé tout à l'heure la liberté de la pensée et de la conscience et déclaré que toute croyance sincère est respectable. Le matérialisme est une croyance comme une autre; pourquoi ne jouirait-elle pas de la liberté que vous accordez à toutes les autres?

A. K. — Chacun est assurément libre de croire à ce qui lui plaît, ou de ne croire à rien du tout, et nous n'excuserions pas plus une persécution contre celui qui croit au néant après la mort que contre un schismatique d'une religion quelconque. En combattant le matérialisme, nous attaquons, non les individus, mais une doctrine qui, si elle est inoffensive pour la société, quand elle se renferme dans le for intérieur de la conscience de personnes éclairées, est une plaie sociale si elle se généralise,

La croyance que tout est fini pour l'homme après la

mort, que toute solidarité cesse avec la vie, le conduit à considérer le sacrifice du bien-être présent au profit d'autrui comme une duperie; de là, la maxime : Chacun pour soi pendant la vie, puisqu'il n'y a rien au delà. La charité, la fraternité, la morale, en un mot, n'ont aucune base, aucune raison d'être. Pourquoi se gêner, se contraindre, se priver aujourd'hui quand, demain peut-être, nous ne serons plus? La négation de l'avenir, le simple doute sur la vie future, sont les plus grands stimulants de l'égoïsme, source de la plupart des maux de l'humanité. Il faut une bien grande vertu pour être retenu sur la pente du vice et du crime, sans autre frein que la force de sa volonté. Le respect humain peut retenir l'homme du monde, mais non celui pour qui la crainte de l'opinion est nulle.

La croyance en la vie future, montrant la perpétuité des relations entre les hommes, établit entre eux une solidarité qui ne s'arrête pas à la tombe; elle change ainsi le cours des idées. Si cette croyance n'était qu'un vain épouvantail, elle n'aurait qu'un temps ; mais comme sa réalité est un fait acquis à l'expérience, il est du devoir de la propager et de combattre la croyance contraire, dans l'intérêt même de l'ordre social. C'est ce que fait le spiritisme ; il le fait avec succès, parce qu'il donne des preuves, et qu'en définitive, l'homme aime mieux avoir la certitude de vivre et de pouvoir vivre heureux dans un monde meilleur, en compensation des misères d'ici-bas, que de croire être mort pour toujours. La pensée de se voir à jamais anéanti, de croire ses enfants et les êtres qui nous sont chers perdus sans retour, sourit à un bien petit nombre, croyez-le moi ; c'est pourquoi les attaques dirigées contre le spiritisme au nom de l'incrédulité ont si peu de succès, et ne l'ont pas ébranlé un instant.

Le Prêtre. — La religion enseigne tout cela; jusqu'à

présent elle a suffi ; qu'est-il donc besoin d'une nouvelle doctrine?

A. K. — Si la religion suffit, pourquoi y a-t-il tant d'incrédules, religieusement parlant? La religion nous l'enseigne, il est vrai ; elle nous dit de croire ; mais il y a tant de gens qui ne croient pas sur parole! Le spiritisme prouve, et fait voir ce que la religion enseigne par la théorie. D'ailleurs, d'où viennent ces preuves? De la manifestation des Esprits. Or, il est probable que les Esprits ne se manifestent qu'avec la permission de Dieu ; si donc Dieu, dans sa miséricorde, envoie aux hommes ce secours pour les tirer de l'incrédulité, c'est une impiété de le repousser.

Le Prêtre. — Vous ne disconviendrez pas cependant que le spiritisme n'est pas sur tous les points d'accord avec la religion.

A. K. — Mon Dieu, monsieur l'abbé, toutes les religions en diront autant : les protestants, les juifs, les musulmans, aussi bien que les catholiques.

Si le spiritisme niait l'existence de Dieu, de l'âme, de son individualité et de son immortalité, des peines et des récompenses futures, du libre arbitre de l'homme; s'il enseignait que chacun n'est ici-bas que pour soi et ne doit penser qu'à soi, il serait non-seulement contraire à la religion catholique, mais à toutes les religions du monde ; ce serait la négation de toutes les lois morales, bases des sociétés humaines. Loin de là ; les Esprits proclament un Dieu unique souverainement juste et bon ; ils disent que l'homme est libre et responsable de ses actes, rémunéré et puni selon le bien ou le mal qu'il a fait ; ils placent au-dessus de toutes les vertus la charité évangélique, et cette règle sublime enseignée par le Christ : Agir envers les autres comme nous voudrions qu'on agît envers nous. Ne sont-ce pas là les fondements de la religion? Ils font plus : ils nous initient aux mystères de la vie future, qui pour nous n'est plus une abstraction, mais une réalité, car ce sont ceux-mêmes que nous avons connus qui viennent nous dépeindre leur situation, nous dire comment et pourquoi ils souffrent ou sont heureux. Qu'y a-t-il là d'anti-religieux? Cette certitude de l'avenir, de retrouver ceux que l'on a aimés, n'est-elle pas une consolation? Ce grandiose de la vie spirituelle qui est notre essence, comparé aux mesquines préoccupations de la vie terrestre, n'est-il pas propre à élever notre âme, et à nous encourager au bien?

Le Prêtre. — Je conviens que pour les questions générales, le spiritisme est conforme aux grandes vérités du Christianisme; mais en est-il de même au point de vue des dogmes? Ne contredit-il pas certains principes que l'Eglise nous enseigne?

A. K. — Le spiritisme est avant tout une science, et ne s'occupe point des questions dogmatiques. Cette science à des conséquences morales, comme toutes les sciences philosophiques; ces conséquences sont-elles bonnes ou mauvaises? On en peut juger par les principes généraux que je viens de rappeler. Quelques personnes se sont méprises sur le véritable caractère du spiritisme. La question est assez grave pour mériter quelques développements.

Citons d'abord une comparaison : L'électricité étant dans la nature, a existé de tout temps, et de tout temps aussi a produit les effets que nous connaissons, et beaucoup d'autres que nous ne connaissons pas encore. Les hommes, dans l'ignorance de la cause véritable, ont expliqué ces effets d'une manière plus ou moins bizarre. La découverte de l'électricité et de ses propriétés est venue renverser une foule de théories absurdes en jetant la lumière sur plus d'un mystère de la nature. Ce que l'électricité et les sciences physiques en général ont fait pour certains phénomènes, le spiritisme le fait pour des phénomènes d'un autre ordre.

Le spiritisme est fondé sur l'existence d'un monde invisible, formé d'êtres incorporels qui peuplent l'espace, et qui ne sont autres que les âmes de ceux qui ont vécu sur la terre ou dans d'autres globes où ils ont laissé leur enveloppe matérielle. Ce sont ces êtres auxquels nous donnons le nom d'Esprits. Ils nous entourent sans cesse, exercent sur les hommes et à leur insu une grande influence; ils jouent un rôle très actif dans le monde moral, et jusqu'à un certain point dans le monde physique. Le spiritisme est donc dans la nature, et l'on peut dire que, dans un certain ordre d'idées, c'est une puissance, comme l'électricité en est une à un autre point de vue, comme la gravitation en est une autre. Les phénomènes dont le monde invisible est la source, se sont en effet produits dans tous les temps; voilà pourquoi l'histoire de tous les peuples en fait mention. Seulement, dans leur ignorance, comme pour l'électricité, les hommes ont attribué ces phénomènes à des causes plus ou moins rationnelles, et donné sous ce rapport un libre cours à leur imagination.

Le spiritisme, mieux observé depuis qu'il est vulgarisé, vient jeter la lumière sur une foule de questions jusqu'ici insolubles ou mal comprises. Son véritable caractère est donc celui d'une science, et non d'une religion; et la preuve en est, c'est qu'il compte parmi ses adhérents des hommes de toutes les croyances, qui n'ont point pour cela renoncé à leurs convictions : des catholiques fervents qui n'en pratiquent pas moins tous les devoirs de leur culte, quand ils ne sont pas repoussés par l'Eglise, des protestants de toutes les sectes, des israélites, des musulmans, et jusqu'à des boudhistes et des brahmistes.

Il repose donc sur des principes indépendants de **toute** question dogmatique. Ses conséquences morales sont dans le sens du Christianisme, parce que le Christianisme est, de toutes les doctrines, la plus éclairée et la plus pure, et c'est pour cette raison que, de toutes les sectes religieuses du monde, les chrétiens sont les plus aptes à le comprendre dans sa véritable essence. Peut-on lui en faire un reproche? Chacun sans doute peut se faire une religion de ses opinions, interpréter à son gré les religions connues, mais de là à la constitution d'une nouvelle Église, il y a loin.

Le Prêtre. — Ne faites-vous pas cependant les évocations d'après une formule religieuse?

A. K. — Assurément nous apportons un sentiment religieux dans les évocations et dans nos réunions, mais il n'y a point de formule sacramentelle; pour les Esprits, la pensée est tout et la forme rien. Nous les appelons au nom de Dieu, parce que nous croyons en Dieu, et savons que rien ne se fait en ce monde sans sa permission, et que si Dieu ne leur permet pas de venir, ils ne viendront pas; nous procédons à nos travaux avec calme et recueillement, parce que c'est une condition nécessaire pour les observations, et en second lieu, parce que nous connaissons le respect que l'on doit à ceux qui ne vivent plus sur la terre, quelle que soit leur condition heureuse ou malheureuse dans le monde des Esprits; nous faisons un appel aux bons Esprits, parce que, sachant qu'il y en a de bons et de mauvais, nous tenons à ce que ces derniers ne viennent pas se mêler frauduleusement aux communications que nous recevons. Qu'est-ce ce que tout cela prouve? Que nous ne sommes pas des athées, mais cela n'implique nullement que nous soyons des religionnaires.

Le Prêtre. — Eh bien ! que disent les Esprits supérieurs

touchant la religion? Les bons doivent nous conseiller, nous guider. Je suppose que je n'aie aucune religion : j'en veux choisir une. Si je leur demande : Me conseillez-vous de me faire catholique, protestant, anglican, quaker, juif, mahométan ou mormon, qne répondront-ils?

A. K. — Il y a deux points à considérer dans les religions : les principes généraux, communs à toutes, et les principes particuliers à chacune. Les premiers sont ceux dont nous avons parlé tout à l'heure; ceux-là, tous les Esprits les proclament, quel que soit leur rang. Quant aux seconds, les Esprits *vulgaires*, sans être mauvais, peuvent avoir des préférences, des opinions; ils peuvent préconiser telle ou telle forme. Ils peuvent donc encourager dans certaines pratiques, soit par conviction personnelle, soit parce qu'ils ont conservé les idées de la vie terrestre, soit par prudence, pour ne pas effaroucher les consciences timorées. Croyez-vous, par exemple, qu'un Esprit éclairé, fût-il même Fénelon, s'adressant à un musulman, ira maladroitement lui dire que Mahomet est un imposteur, et qu'il sera damné s'il ne se fait chrétien? Il s'en gardera bien, parce qu'il serait repoussé.

Les Esprits supérieurs en général, et lorsqu'ils n'y sont sollicités par aucune considération spéciale, ne se préoccupent pas des questions de détail; ils se bornent à dire : « Dieu est bon et juste; il ne veut que le bien; la meilleure de toutes les religions est donc celle qui n'enseigne que ce qui est conforme à la bonté et à la justice de Dieu; qui donne de Dieu l'idée la plus grande, la plus sublime, et ne le rabaisse pas en lui prêtant les petitesses et les passions de l'humanité; qui rend les hommes bons et vertueux et leur apprend à s'aimer tous comme des frères; qui condamne tout mal fait à son prochain; qui n'autorise l'injustice sous quelque forme ou prétexte que ee soit; qui ne prescrit rien de contraire aux lois immuables de la nature, car Dieu ne peut se contredire; celle dont les ministres donnent le meilleur exemple de bonté, de charité et de moralité; celle qui tend le mieux à combattre l'égoïsme et flatte le moins l'orgueil et la vanité des hommes; celle enfin au nom de laquelle il se commet le moins de mal, car une bonne religion ne peut être le prétexte d'un mal quelconque : elle ne doit lui laisser aucune porte ouverte, ni directement, ni par l'interprétation Voyez, jugez et choisissez.

Le Prêtre. — Je suppose que certains points de la doctrine catholique soient contestés par les Esprits que vous regardez comme supérieurs; je suppose même que ces points soient erronés; celui pour qui ils sont, à tort ou à raison, des articles de foi, qui pratique en conséquence, cette croyance peut-elle être, selon ces mêmes Esprits, préjudiciable à son salut?

A. K. — Assurément non, si cette croyance ne le détourne pas de faire le bien, si elle l'y excite au contraire; tandis que la croyance la mieux fondée lui nuira évidemment si elle est pour lui une occasion de faire le mal, de manquer de charité envers son prochain; si elle le rend dur et égoïste, car alors il n'agit pas selon la loi de Dieu, et Dieu regarde la pensée avant les actes. Qui oserait soutenir le contraire?

Pensez-vous, par exemple, qu'un homme qui croirait parfaitement en Dieu, et qui, au nom de Dieu, commettrait des actes inhumains ou contraires à la charité, sa foi lui soit très profitable? N'est-il pas d'autant plus coupable qu'il a plus de moyens d'être éclairé?

Le Prêtre. — Ainsi le catholique fervent qui accomplit scrupuleusement les devoirs de son culte n'est pas blâmé par les Esprits?

A. K. — Non, si c'est pour lui une question de conscience. et s'il le fait avec sincérité: oui. mille ois oui, si c'est par hypocrisie, et s'il n'y a chez lui qu'une piété apparente.

Les Esprits supérieurs, ceux qui ont pour mission le progrès de l'humanité, s'élèvent contre tous les abus qui peuvent retarder ce progrès de quelque nature qu'ils soient, et quels que soient les individus ou les classes de la société qui en profitent. Or, vous ne nierez pas que la religion n'en a pas toujours été exempte; si, parmi ses ministres, il y en a qui accomplissent leur mission avec un dévoûment tout chrétien, qui la font grande, belle et respectable, vous conviendrez que tous n'ont pas toujours compris la sainteté de leur ministère. Les Esprits flétrissent le mal partout où il se trouve; signaler les abus de la religion, est-ce l'attaquer? Elle n'a pas de plus grands ennemis que ceux qui les défendent, car çe sont ces abus qui font naître la pensée que quelque chose de mieux peut la remplacer. Si la religion courait un danger quelconque, il faudrait s'en prendre à ceux qui en donnent une fausse idée en faisant une arène des passions humaines, et qui l'exploitent au profit de leur ambition.

Le Prêtre. — Vous dites que le spiritisme ne discute pas les dogmes, et pourtant il admet certains points combattus par l'Eglise, tels que, par exemple, la réincarnation, la présence de l'homme sur la terre avant Adam; il nie l'éternité des peines, l'existence des démons, le purgatoire, le feu de l'enfer.

A. K. — Ces points ont été discutés depuis longtemps, et ce n'est pas le spiritisme qui les a mis en question; ce sont des opinions dont quelques-unes même sont controversées par la théologie et que l'avenir jugera. Un grand principe les domine tous : la pratique du bien, qui est la loi supérieure, la condition *sine qua non* de notre avenir, ainsi que nous le prouve l'état des Esprits qui se communiquent à nous. En attendant que la lumière soit faite pour vous sur ces questions, croyez, si vous voulez, aux flammes et aux tortures matérielles, si cela peut vous empêcher de faire le mal : cela ne les rendra pas plus réelles, si elles n'existent pas. Croyez que nous n'avons qu'une existence corporelle, si cela vous plaît : cela ne vous empêchera pas de renaître ici ou ailleurs, si cela doit être, et cela malgré vous; croyez que le monde a été créé de toutes pièces en six fois vingt-quatre heures, si c'est votre opinion : cela n'empêchera pas la terre de porter écrit dans ses couches géologiques la preuve du contraire; croyez, si vous voulez, que Josué arrêta le soleil : cela n'empêchera pas la terre de tourner: croyez que l'homme n'est sur la terre que depuis 6,000 ans : cela n'empêchera pas les faits d'en montrer l'impossibilité. Et que direz-vous si, un beau jour, cette inexorable géologie vient à démontrer, par des traces patentes, l'antériorité de l'homme, comme elle a démontré tant d'autres choses? Croyez donc à tout ce que vous voudrez, même au diable, si cette croyance peut vous rendre bon, humain et charitable pour vos semblables. Le spiritisme, comme doctrine morale, n'impose qu'une chose : la nécessité de faire le bien et de ne point faire de mal. C'est une science d'observation qui, je le répète, a des conséquences morales, et ces conséquences sont la confirmation et la preuve des grands principes de la religion; quant aux questions secondaires, il les laisse à la conscience de chacun.

Remarquez bien, monsieur, que quelques-uns des points divergents dont vous venez de parler, le spiritisme ne les conteste pas en principe. Si vous aviez lu tout ce que j'ai écrit à ce sujet, vous auriez vu qu'il se borne à leur donner une interprétation plus logique et plus rationelle que celle qu'on leur donne vulgairement. C'est ainsi, par exemple, qu'il ne nie point le purgatoire; il en démontre, au contraire, la nécessité et la justice; mais il fait plus, il le définit. L'enfer a été décrit comme une immense fournaise; mais est-ce ainsi que l'entend la haute théologie? Évidemment non; elle dit très bien que c'est une figure; que le feu dont on brûle est un feu moral, symbole des plus grandes douleurs.

Quant à l'éternité des peines, s'il était possible d'aller aux voix pour connaître l'opinion intime de tous les hommes en état de raisonner ou de comprendre, même parmi les plus religieux, on verrait de quel côté est la majorité, parce que l'idée d'une éternité de supplices est la négation de l'infinie miséricorde de Dieu.

Voici, du reste, ce que dit la doctrine spirite à ce sujet :

La durée du châtiment est subordonnée à l'amélioration de l'Esprit coupable. Aucune condamnation pour un temps déterminé n'est prononcée contre lui. Ce que Dieu exige pour mettre un terme aux souffrances, c'est le repentir, l'expiation et la *réparation*, en un mot, une amélioration sérieuse, effective, et un retour sincère au bien. L'Esprit est ainsi l'arbitre de son propre sort; il peut prolonger ses souffrances par son endurcissement dans le mal, les adoucir ou les abréger par ses efforts pour faire le bien.

La durée du châtiment étant subordonnée au repentir, il en résulte que l'Esprit coupable qui ne se repentirait et ne s'améliorerait jamais, souffrirait toujours, et que, pour lui, la peine serait éternelle. L'éternité des peines doit donc s'entendre dans le sens relatif et non dans le sens absolu.

Une condition inhérente à l'infériorité des Esprits est de ne point voir le terme de leur situation de croire qu'ils souffriront toujours; c'est pour eux un châtiment. Mais, dès que leur âme s'ouvre au repentir, Dieu leur fait entrevoir un rayon d'espérance.

Cette doctrine est évidemment plus conforme à la justice de Dieu qui punit tant qu'on persiste dans le mal, qui fait grâce quand on entre dans la bonne voie. Qui l'a imaginée? Est-ce nous? Non; ce sont les Esprits qui l'enseignent et la prouvent par les exemples qu'ils mettent journellement sous nos yeux.

Les Esprits ne nient donc pas les peines futures, puisqu'ils décrivent leurs propres souffrances; et ce tableau nous touche plus que celui des flammes perpétuelles, parce que tout y est parfaitement logique. On comprend que cela est possible, qu'il doit en être ainsi, que cette situation est une conséquence toute naturelle des choses; il peut être accepté par le penseur philosophe, parce que rien n'y répugne à la raison. Voilà pourquoi les croyances spirites ont ramené au bien une foule de gens, des matérialistes même, que la crainte de l'enfer tel qu'on nous le dépeint n'avait point arrêtés.

Le Prêtre. — En admettant votre raisonnement, pensez-vous qu'il faille au vulgaire des images plus frappantes qu'une philosophie qu'il ne peut comprendre?

A. K. — C'est là une erreur qui a fait plus d'un matérialiste, ou tout au moins détourné plus d'un homme de la religion. Il vient un moment où ces images ne frappent plus, et alors les gens qui n'approfondissent pas, en rejetant une partie, rejettent le tout, parce qu'ils se disent : Si l'on m'a enseigné comme une vérité incontestable un point qui est faux, si l'on m'a donné une image, une figure pour la réalité, qui me dit que le reste est plus vrai? Si, au contraire, la raison, en grandissant, ne repousse rien, la foi se fortifie. La religion gagnera toujours à suivre le progrès des idées ; si jamais elle devait péricliter, c'est que les hommes auraient avancé et qu'elle serait restée en arrière. C'est se tromper d'époque que de croire qu'on peut aujourd'hui conduire les hommes par la crainte du démon et des tortures éternelles.

Le Prêtre, — L'Eglise en effet, reconnaît aujourd'hui que l'enfer matériel est une figure; mais cela n'exclut pas l'existence des démons; sans eux, comment expliquer l'influence du mal qui ne peut venir de Dieu?

A. K. — Le spiritisme n'admet pas les démons dans le sens vulgaire du mot, mais il admet les mauvais Esprits qui ne valent pas mieux et qui font tout autant de mal en suscitant de mauvaises pensées; seulement il dit que ce ne sont pas des êtres à part, créés pour le mal et perpétuellement voués au mal, sorte de parias de la création et bourreaux du genre humain; ce sont des êtres arriérés, encore imparfaits, mais auxquels Dien réserve l'avenir. Il est en cela d'accord avec l'Eglise catholique grecque qui admet la conversion de Satan, allusion à l'amélioration des mauvais Esprits. Remarquez encore que le mot *démon* n'implique l'idée de mauvais Esprit que par l'acceptation moderne qui lui a été donnée, car le mot grec *daimôn* signifie *génie, intelligence.* Or, admettre la communication des mauvais Esprits, c'est reconnaître en principe la réalité des manifestations. Il faut savoir si ce sont les seuls qui se communiquent, ainsi que l'affirme l'Eglise pour motiver la défense qu'elle fait de communiquer avec les Esprits. Ici nous invoquons le raisonnement et les faits. Si des Esprits, quels qu'ils soient, se communiquent, ce n'est que par la permission de Dieu: comprendrait-on qu'il ne le permît qu'aux mauvais? Comment? tandis qu'il laisserait à ceux-ci toute liberté de venir tromper les hommes, il interdirait aux bons de venir faire contrepoids, de neutraliser leurs pernicieuses doctrines? Croire qu'il en est ainsi, ne serait-ce pas révoquer en doute sa puissance et sa bonté et faire de Satan un rival de la Divinité? La Bible, l'Evangile, les Pères de l'Eglise reconnaissent parfaitement la possibilité de communiquer avec le monde invisible, et de ce monde les bons ne sont pas exclus; pourquoi donc le seraient-ils aujourd'hui? D'ailleurs, l'Église, en admettant l'authenticité de certaines apparitions et communications de saints, exclut par cela même l'idée que l'on ne peut avoir affaire qu'aux mauvais Esprits. Assurément, quand des communications ne renferment que de bonnes choses, quand on n'y prêche que la morale évangélique la plus pure et la plus sublime, l'abnégation, le désintéressement et l'amour du prochain; quand on y flétrit le mal, de quelque couleur qu'il se farde, est-il rationnel de croire que l'Esprit malin vienne ainsi faire son procès?

Le Prêtre. — L'Évangile nous apprend que l'ange des ténèbres, ou Satan, se transforme en ange de lumière pour séduire les hommes.

A. K. — Satan, selon le spiritisme et l'opinion de beaucoup de philosophes chrétiens, n'est point un être réel; c'est la personnification du mal, comme jadis Saturne était la personnification du temps. L'Eglise prend à la lettre cette figure allégorique; c'est une affaire d'opinion que je ne discuterai point. Admettons, pour un instant, que Satau soit un être réel; l'Église, à force d'exagérer sa puissance en vue d'effrayer, arrive à un résultat tout contraire, c'est-à-dire à la destruction, non-seulement de toute crainte, mais aussi de toute croyance en sa personne, selon le proverbe : Qui veut trop prouver ne prouve rien. Elle le représente comme éminemment fin, adroit et rusé, et dans la question du spiritisme elle lui fait jouer le rôle d'un sot et d'un maladroit.

Puisque le but de Satan est d'alimenter l'enfer de ses victimes et d'enlever des âmes à Dieu, on comprend qu'il s'adresse à ceux qui sont dans le bien pour les induire au mal, et que pour cela il se transforme, selon une très belle allégorie, en ange de lumière, c'est-à-dire qu'il fasse l'hypocrite en simulant la vertu; mais qu'il laisse échapper ceux qu'il tient déjà dans ses griffes, c'est ce que l'on ne comprend pas. Ceux qui ne croient ni à Dieu ni à leur âme, qui méprisent la prière et sont plongés dans le vice sont à lui autant qu'il est possible de l'être; il n'a plus rien à faire pour les mettre plus avant dans le bourbier; or, les exciter à retourner à Dieu, à le prier, à se soumettre à sa volonté, les encourager à renoncer au mal en leur montrant la félicité des élus et le triste sort qui attend les méchants, serait l'acte d'un niais, plus stupide que si l'on donnait la liberté à des oiseaux en cage, avec la pensée de les rattraper ensuite.

Il y a donc dans la doctrine de la communication exclusive des démons une contradiction qui frappe tout homme sensé; c'est pourquoi on ne persuadera jamais que les Esprits qui ramènent à Dieu ceux qui le reniaient, au bien ceux qui faisaient le mal, qui consolent les affligés, donnent la force et le courage aux faibles; qui, par la sublimité de leurs enseignements, élèvent l'âme au-dessus de la vie matérielle, soient les suppôts de Satan, et que, par ce motif, on doit s'interdire toute relation avec le monde invisible.

Le Prêtre. — Si l'Église défend les communications avec les Esprits des morts, c'est parce qu'elles sont contraires à la religion comme étant formellement condamnées par l'Évangile et par Moïse. Ce dernier, en prononçant la peine de mort contre ces pratiques, prouve combien elles sont répréhensibles aux yeux de Dieu.

4. *K.* — Je vous demande pardon, mais cette défense n'est nulle part dans l'Évangile; elle est seulement dans la loi mosaïque. Il s'agit donc de savoir si l'Église met la loi mosaïque au-dessus de la loi évangélique, autrement

dit si elle est plus juive que chrétienne. Il est même à remarquer que de toutes les religions, celle qui a fait le moins d'opposition au spiritisme, c'est la juive, et qu'elle n'a point invoqué contre les évocations la loi de Moïse sur laquelle s'appuient les sectes chrétiennes. Si les prescriptions bibliques sont le code de la foi chrétienne, pourquoi interdire la lecture de la Bible? Que dirait-on si l'on faisait défense à un citoyen d'étudier le code des lois de son pays?

La défense faite par Moïse avait alors sa raison d'être, parce que le législateur hébreu voulait que son peuple rompît avec toutes les coutumes puisées chez les Egyptiens, et que celle dont il s'agit ici était un sujet d'abus. On n'évoquait pas les morts par respect et affection pour eux, ni avec un sentiment de piété; c'était un moyen de divination, l'objet d'un trafic honteux exploité par la charlatanisme et la superstition; Moïse a donc eu raison de le défendre. S'il a prononcé contre cet abus une pénalité sévère, c'est qu'il fallait des moyens rigoureux pour gouverner ce peuple indiscipliné; aussi la peine de mort est-elle prodiguée dans sa législation. On s'appuie à tort sur la sévérité du châtiment pour prouver le degré de culpabilité de l'évocation des morts.

Si la défense d'évoquer les morts vient de Dieu même, comme le prétend l'Eglise, ce doit être Dieu qui a édicté la peine de mort contre les délinquants. La peine a donc une origine aussi sacrée que la défense; pourquoi ne pas l'avoir conservée? Moïse promulgua toutes ses lois au nom de Dieu et par son ordre. Si l'on croit que Dieu en soit l'auteur, pourquoi ne sont-elles plus observées? Si la loi de Moïse est pour l'Eglise un article de foi sur un point, pourquoi ne l'est-elle pas sur tous? Pourquoi y recourir en ce dont on a besoin et la repousser en ce qui ne convient pas? Pourquoi n'en suit-on pas toutes les prescriptions, la circoncision entre autres, que Jésus a subie et n'a point abolie?

Il y avait dans la loi mosaïque deux parties : 1° la loi de Dieu, résumée dans les tables du Sinaï; cette loi est restée parce qu'elle est divine, et le Christ n'a fait que la développer; 2° la loi civile ou disciplinaire appropriée aux mœurs du temps et que le Christ a abolie.

Aujourd'hui les circonstances ne sont plus les mêmes, et la défense de Moïse n'a plus de motifs. D'ailleurs, si l'Eglise défend d'appeler les Esprits, peut-elle les empêcher de venir sans qu'on les appelle? Ne voit-on pas tous les jours des personnes qui ne se sont jamais occupées du spiritisme, n'en voyait-on pas bien avant qu'il en fût question, avoir des manifestations de tous genres?

Autre contradiction, si Moïse a défendu d'évoquer les Esprits des morts, c'est donc que ces Esprits peuvent venir, autrement sa défense eût été inutile. S'ils pouvaient venir de son temps, ils le peuvent encore aujourd'hui; si ce sont les Esprits des morts, ce ne sont donc pas exclusivement des démons. Il faut être logique avant tout.

Le Prêtre. — L'Eglise ne nie pas que de bons Esprits puissent se communiquer, puisqu'elle reconnaît que les saints ont eu des manifestations; mais elle ne peut considérer comme *bons ceux* qui viennent contredire ses principes immuables. Les Esprits enseignent les peines et les récompenses futures, mais ils ne l'enseignent pas comme elle; elle seule peut juger leurs enseignements et discerner les bons des mauvais.

A. K. — Voilà la grande question. Galilée a été accusé d'hérésie et d'être inspiré du démon, parce qu'il venait révéler une loi de la nature prouvant l'erreur d'une croyance que l'on regardait inattaquable; il fut considérer comme *bons* ceux qui viennent contredire tous les points abondé dans le sens exclusif de l'Église, s'ils n'eussent pas proclamé la liberté de conscience et condamné certains abus, ils auraient été les bienvenus et on ne les aurait pas qualifiés de démons.

Telle est aussi la raison pour laquelle toutes les religions, les musulmans aussi bien que les catholiques, se croyant en possession exclusive de la vérité absolue, regardent comme l'œuvre du démon toute doctrine qui n'est pas entièrement orthodoxe à leur point de vue. Or, les Esprits viennent non pas renverser la religion, mais, de même que Galilée, révéler de nouvelles lois de la nature. Si quelques points de foi en souffrent, c'est que, de même que la croyance au mouvement du soleil, ils sont en contradiction avec ces lois. La question est de savoir si un article de foi peut annuler une loi de la nature qui est l'œuvre de Dieu ; et si, cette loi reconnue, il n'est pas plus sage d'interpréter le dogme dans le sens de la loi, au lieu d'attribuer celle-ci au démon.

Le Prêtre. — Passons sur la question des démons ; je sais qu'elle est diversement interprétée par les théologiens ; mais le système de la réincarnation me paraît plus difficile à concilier avec les dogmes, car ce n'est autre chose que la métempsycose renouvelée de Pythagore.

A. K. — Ce n'est pas ici le moment de discuter une question qui exigerait de longs développements ; vous la trouverez traitée dans le *Livre des Esprits* et dans *la Morale de l'Évangile selon le spiritisme*[1], je n'en dirai donc que deux mots.

La métempsycose des Anciens consistait dans la transmigration de l'âme de l'homme dans les animaux, ce qui

---

1. Voy. *Livre des Esprits*, nᵒˢ 166 et suiv., *id.* 222 ; *id.* 1010. *La morale de l'Évangile*, chap. IV et V.

impliquait une dégradation. Du reste cette doctrine n'était pas ce que l'on croit vulgairement. La transmigration dans les animaux n'était point considérée comme une condition inhérente à la nature de l'âme humaine, mais comme une châtiment temporaire ; c'est ainsi que les âmes des meurtriers passaient dans le corps des bêtes féroces pour y recevoir leur punition ; celles des impudiques dans les porcs et les sangliers ; celles des inconstants et des évaporés dans les oiseaux ; celles des paresseux et des ignorants dans les animaux aquatiques. Après quelques milliers d'années, plus ou moins selon la culpabilité, de cette sorte de prison, l'âme rentrait dans l'humanité. L'incarnation animale n'était donc pas une condition absolue, et elle s'alliait, comme on le voit, à la réincarnation humaine, et la preuve en est c'est que la punition des hommes timides consistait à passer dans le corps des femmes exposées au mépris et aux injures[1]. C'était une sorte d'épouvantail pour les simples, bien plus qu'un article de foi chez les philosophes. De même qu'on dit aux enfants : « Si vous êtes méchants, le loup vous mangera. » Les Anciens disaient aux criminels : « Vous deviendrez loups. » Aujourd'hui, on leur dit : « Le diable vous prendra et vous emportera dans l'enfer. »

La pluralité des existences, selon le spiritisme, diffère essentiellement de la métempsycose, en ce qu'elle n'admet pas l'incarnation de l'âme dans les animaux, même comme punition. Les Esprits enseignent que l'âme ne rétrograde pas, mais qu'elle progresse sans cesse. Ses différentes existences corporelles s'accomplissent dans l'humanité ; chaque existence est pour elle un pas en avant dans la voie du progrès intellectuel et moral, ce qui est bien différent. Ne pouvant acquérir un développement complet dans une seule existence souvent abrégée

1. Voy. *La pluralité des existences de l'âme*, par Pezzani.

par des causes accidentelles, Dieu lui permet de continuer dans une nouvelle incarnation, la tâche qu'elle n'a pu achever, ou de recommencer ce qu'elle a mal fait, L'expiation, dans la vie corporelle, consiste dans les tribulations que l'on y endure.

Quant à la question de savoir si la pluralité des existences est ou n'est pas contraire à certains dogmes de l'Eglise, je me bornerai à dire ceci :

De deux choses l'une, ou la réincarnation existe, ou elle n'existe pas; si elle existe, c'est qu'elle est dans les lois de la nature. Pour prouver qu'elle n'existe pas, il faudrait prouver qu'elle est contraire, non aux dogmes, mais à ces lois, et qu'on en pût trouver une autre qui expliquât plus clairement et plus logiquement les questions qu'une seule peut résoudre.

Du reste, il est facile de démontrer que certains dogmes y trouvent une sanction rationnelle qui les fait accepter par ceux qui les repoussaient faute de les comprendre. Il ne s'agit donc pas de détruire, mais d'interpréter; c'est ce qui aura lieu plus tard par la force des choses. Ceux qui ne voudront pas accepter l'interprétation seront parfaitement libres, comme ils le sont aujourd'hui de croire que c'est le soleil qui tourne. L'idée de la pluralité des existences se vulgarise avec une étonnante rapidité, en raison de son extrême logique et de sa conformité avec la justice de Dieu. Quand elle sera reconnue comme vérité naturelle et acceptée par tout le monde, que fera l'Eglise?

En résumé, la réincarnation n'est point un système imaginé pour les besoins d'une cause, ni une opinion personnelle; c'est ou ce n'est pas un fait. *S'il est démontré que certaines choses qui existent sont matériellement impossibles sans la réincarnation, il faut bien admettre qu'elles sont le fait de la réincarnation;*

donc si elle est dans la nature, elle ne saurait être annulée par une opinion contraire. /

Le prêtre. — Ceux qui ne croient pas aux Esprits et à leurs manifestations, sont-ils, au dire des Esprits, moins bien partagés dans la vie future?

A. K. — Si cette croyance était indispensable au salut des hommes, que deviendraient ceux qui, depuis que le monde existe, n'ont pas été à même de l'avoir, et ceux qui, de longtemps encore, mourront sans l'avoir? Dieu peut-il leur fermer la porte de l'avenir? Non; les Esprits qui nous instruisent sont plus logiques que cela; ils nous disent : Dieu est souverainement juste et bon, et ne fait pas dépendre le sort futur de l'homme de conditions indépendantes de sa volonté; ils ne disent pas : *Hors le spiritisme point de salut*, mais comme le Christ : *Hors la charité point de salut*.

Le prêtre. — Alors permettez-moi de vous dire que, du moment que les Esprits n'enseignent que les principes de la morale que nous trouvons dans l'Evangile, je ne vois pas de quelle utilité peut être le spiritisme, puisque nous pouvions faire notre salut avant, et que nous pouvons le faire encore sans cela. Il n'en serait pas de même si les Esprits venaient enseigner quelques grandes vérités nouvelles, quelques-uns de ces principes qui changent la face du monde, comme a fait le Christ. Au moins le Christ était seul, sa doctrine était unique, tandis que les Esprits sont par milliers qui se contredisent; les uns disent blanc, les autres noir; d'où il suit que dès le début leurs partisans forment déjà plusieurs sectes. Ne serait-il pas mieux de laisser des Esprits tranquilles, et de nous en tenir à ce que nous avons?

A. K. — Vous avez le tort, monsieur, de ne point sortir de votre point de vue, et de prendre l'Eglise comme unique critérium des connaissances humaines.

Si Christ a dit la vérité, le spiritisme ne pouvait pas dire autre chose, et au lieu de lui jeter la pierre, on devrait l'accueillir comme un puissant auxiliaire venant confirmer, par toutes les voix d'outre-tombe, les vérités fondamentales de la religion battues en brèche par l'incrédulité. Que le matérialisme le combatte, cela se comprend ; mais que l'Église se ligue contre lui avec le matérialisme, c'est moins concevable. Ce qui est tout aussi inconséquent, c'est qu'elle qualifie de démoniaque un enseignement qui s'appuie sur la même autorité, et proclame la mission divine du fondateur du christianisme.

Mais Christ a-t-il tout dit? pouvait-il tout révéler? Non, car il dit lui-même : « J'aurais encore beaucoup de choses à vous dire, mais vous ne les comprendriez pas, c'est pourquoi je vous parle en parabole. » Le spiritisme vient, aujourd'hui que l'homme est mûr pour le comprendre, compléter et expliquer ce que Christ n'a fait qu'effleurer à dessein, ou n'a dit que sous la forme allégorique. Vous direz sans doute que le soin de cette explication appartenait à l'Église. Mais à laquelle? à l'Église romaine, grecque ou protestante? Puisqu'elles ne sont pas d'accord, chacune eût expliqué dans son sens et revendiqué ce privilège. Quelle est celle qui eût rallié tous les cultes dissidents? Dieu, qui est sage, prévoyant que les hommes y mêleraient leurs passions et leurs préjugés, n'a pas voulu leur confier le soin de cette nouvelle révélation ; il en a chargé les Esprits, ses messagers, qui la proclament sur tous les points du globe, et cela en dehors de tout culte particulier, afin qu'elle puisse s'appliquer à tous, et qu'aucun ne la détourne à son profit.

D'un autre côté, les divers cultes chrétiens ne se sont-ils en rien écartés de la voie tracée par le Christ? Ses

préceptes de morale sont-ils scrupuleusement observés?
N'a-t-on pas torturé ses paroles pour en faire un appui
de l'ambition et des passions humaines, alors qu'elles
en sont la condamnation? Or, le spiritisme, par la voix
des Esprits envoyés de Dieu, vient rappeler à la stricte
observation de ses préceptes ceux qui s'en écartent; ne
serait-ce pas ce dernier motif surtout qui le fait qualifier
d'œuvre satanique?

C'est à tort que vous donnez le nom de *sectes* à quelques divergences d'opinions touchant les phénomènes
spirites. Il n'est pas étonnant qu'au début d'une science,
alors que pour beaucoup les observations étaient encore
incomplètes, ii ait surgi des théories contradictoires,
mais ces théories reposent sur des points de détail et
non sur le principe fondamental. Elles peuvent consti-
tuer des *écoles* qui expliquent certains faits à leur manière, mais ce ne sont pas plus des sectes que les différents systèmes qui partagent nos savants sur les sciences
exactes : en médecine, en physique, etc. Rayez donc ce
mot de *secte* qui est tout à fait impropre dans le cas dont
il s'agit. Est-ce que d'ailleurs, dès l'origine, le Christianisme n'a pas lui-même donné naissance à une foule de
sectes? Pourquoi la parole du Christ n'a-t-elle pas été
assez puissante pour imposer silence à toutes les controverses? Pourquoi est-elle susceptible d'interprétations
qui partagent encore aujourd'hui les Chrétiens en différentes Églises qui prétendent toutes avoir seules la vérité
nécessaire au salut, se détestent cordialement et s'anathé-
matisent au nom de leur divin maître qui n'a prêché que
l'amour et la charité? La faiblesse des hommes, direz-
vous? soit ; pourquoi voulez-vous que le spiritisme
triomphe subitement de cette faiblesse et transforme
l'humanité comme par enchantement?

Je viens à la question d'utilité. Vous dites que le spiri-

tisme ne nous apprend rien de nouveau; c'est une erreur : il apprend beaucoup à ceux qui ne s'arrètent pas
à la surface. N'aurait-il fait que substituer la maxime :
Hors la charité point de salut, qui réunit les hommes,
à celle de : *Hors l'Eglise point de salut*, qui les divise,
il aurait marqué une nouvelle ère de l'humanité.

Vous dites qu'on pourrait s'en passer; d'accord;
comme on pouvait se passer d'une foule de découvertes scientifiques. Les hommes se portaient tout aussi
bien avant la découverte de toutes les nouvelles planètes; avant qu'on eût calculé les éclipses; avant qu'on
ne connût le monde microscopique et cent autres choses; le paysan, pour vivre et faire pousser son blé, n'a
pas besoin de savoir ce qu'est une comète, et pourtant
personne ne nie que toutes ces choses étendent le
cercle des idées et nous font pénétrer plus avant dans
les lois de la nature. Or, le monde des Esprits est
une de ces lois que le spiritisme nous fait connaître; ils nous apprend l'influence qu'il exerce sur le
monde corporel; supposons que là se borne son
utilité, ne serait-ce pas déjà beaucoup que là révélation d'une pareille puissance?

Voyons maintenant son influence morale. Admettons qu'ils n'apprenne absolument rien de nouveau
sous ce rapport; quel est le plus grand ennemi de
la religion? Le matérialisme, parce que le matérialisme, ne croit à rien; or, le spiritisme est la négation du matérialisme, qui n'a plus de raison d'être.
Ce n'est plus par le raisonnement, par la foi aveugle
qu'on dit au matérialiste que tout ne finit pas avec
son corps, c'est par les faits; on le lui montre, on
le lui fait toucher au doigt et à l'œil. Est-ce là un
petit service qu'il rend à l'humanité, à la religion?
Mais ce n'est pas tout : la certitude de la vie future,
le tableau vivant de ceux qui nous y ont précédés,
montrent la nécessité du bien, et les suites inévita-

bles du mal. Voilà pourquoi, sans être lui-même une religion, il porte essentiellement aux idées religieuses ; il les développe chez ceux qui n'en ont pas, il les fortifie chez ceux en qui elles sont incertaines. La religion y trouve donc un appui, non pour ces gens à vues étroites qui la voient tout entière dans la doctrine du feu éternel, dans la lettre plus que dans l'esprit, mais pour ceux qui la voient selon la grandeur et la majesté de Dieu.

En un mot, le spiritisme grandit et élève les idées ; il combat les abus engendrés par l'égoïsme, la cupidité, l'ambition ; mais qui oserait les défendre et s'en déclarer les champions ? S'il n'est pas indispensable au salut, il le facilite en nous affermissant dans la route du bien. Quel est, d'ailleurs, l'homme sensé qui oserait avancer qu'un défaut d'orthodoxie est plus répréhensible aux yeux de Dieu que l'athéisme et le matérialisme ? Je pose nettement les questions suivantes à tous ceux qui combattent le spiritisme sous le rapport des conséquences religieuses :

1° Quel est le plus mal partagé dans la vie future, de celui qui ne croit à rien, ou de celui qui, croyant aux vérités générales, n'admet pas certaines parties de dogme ?

2° Le protestant et le schismatique sont-ils confondus dans la même réprobation que l'athée et le matérialiste ?

3° Celui qui n'est pas orthodoxe dans la rigueur du mot, mais qui fait tout le bien qu'il peut, qui est bon et indulgent pour son prochain, loyal dans ses rapports sociaux, est-il moins assuré de son salut que celui qui croit à tout, mais qui est dur, égoïste, et manque de charité ?

4° Lequel vaut le mieux aux yeux de Dieu ; la pratique des vertus chrétiennes sans celle des devoirs de l'orthodoxie, ou la pratique de ces derniers sans celle de la morale ?

J'ai répondu, M. l'abbé, aux questions et aux objections que vous m'avez adressées, mais, comme je vous l'ai dit en commençant, sans aucune intention préconçue de vous amener à nos idées et de changer vos convictions, me bornant à vous faire envisager le spiritisme sous son véritable point de vue. Si vous ne fussiez pas venu, je ne serais point allé vous chercher. Cela ne veut pas dire que nous méprisions votre adhésion à nos principes, si elle devait avoir lieu, bien loin de là ; nous sommes heureux, au contraire, de toutes les acquisitions que nous faisons, et qui ont pour nous d'autant plus de prix qu'elles sont libres et volontaires. Nous n'avons non-seulement aucun droit pour exercer une contrainte sur qui que ce soit, mais nous nous ferions un scrupule d'aller troubler la conscience de ceux qui ayant des croyances qui les satisfont, ne viennent pas spontanément à nous.

———

Nous avons dit que le meilleur moyen de s'éclairer sur le spiritisme est d'en étudier au préalable la théorie ; les faits viendront ensuite naturellement, et on les comprendra, quel que soit l'ordre dans lequel ils seront amenés par les circonstances. Nos publications sont aites dans le but de favoriser cette étude ; voilà, à ce t effet, l'ordre que nous conseillons.

La première lecture à faire est celle de ce résumé qui présente l'ensemble et les points les plus saillants de la science ; avec cela on peut déjà s'en faire une idée et se convaincre qu'au fond il y a quelque chose de sérieux. Dans ce rapide exposé nous nous sommes attaché à indiquer les points qui doivent particulièrement fixer l'attention de l'observateur. L'ignorance des principes fondamentaux est la cause des fausses appréciations de la plupart de ceux qui jugent ce qu'ils ne comprennent pas, ou d'après leurs idées préconçues.

Si ce premier aperçu donne le désir d'en savoir davantage, on lira le *Livre des Esprits* où les principes de la doctrine sont complètement développés; puis le *Livre des médiums* pour la partie expérimentale, destiné à servir de guide à ceux qui veulent opérer eux-mêmes, comme à ceux qui veulent se rendre compte des phénomènes. Viennent ensuite les divers ouvrages où sont développées les applications et les conséquences de la doctrine, tels que : *La morale de l'Evangile selon le spiritisme*, *Le ciel et l'enfer selon le spiritisme*, etc.

La *Revue spirite* est en quelque sorte un cours d'applications par les nombreux exemples et les développements qu'elle renferme, sur la partie théorique et sur la partie expérimentale.

Aux personnes sérieuses, qui ont fait une étude préalable, nous nous faisons un plaisir de donner verbalement les explications nécessaires sur les points qu'elles n'auraient pas complètement compris.

CHAPITRE II

NOTIONS ÉLÉMENTAIRES DE SPIRITISME

OBSERVATIONS PRÉLIMINAIRES.

1. C'est une erreur de croire qu'il suffit à certains incrédules de voir des phénomènes extraordinaires pour être convaincus. Ceux qui n'admettent pas d'âme ou d'Esprit en l'homme, ne peuvent en admettre hors de l'homme; par conséquent, niant la cause, ils nient l'effet. Ils arrivent ainsi, presque toujours, avec une idée préconçue et un parti pris de dénégation qui les détourne d'une observation sérieuse et impartiale; ils font des questions et des objections auxquelles il est impossible de répondre instantanément d'une manière complète, parce qu'il faudrait, pour chaque personne, faire une sorte de cours et reprendre les choses depuis le commencement. L'étude préalable a pour résultat de répondre d'avance aux objections, dont la plupart sont

fondées sur l'ignorance de la cause des phénomènes, et des conditions dans lesquelles ils se produisent.

2. Ceux qui ne connaissent pas le spiritisme, se figurent qu'on produit des phénomènes spirites comme on fait des expériences de physique et de chimie. De là leur prétention de les soumettre à leur volonté, et leur refus de se placer dans les conditions nécessaires pour l'observation. N'admettant pas, en principe, l'existence et l'intervention des Esprits, ou tout au moins ne connaissant ni leur nature, ni leur mode d'action, ils agissent comme s'ils opéraient sur de la matière brute ; et de ce qu'ils n'obtiennent pas ce qu'ils demandent, ils concluent qu'il n'y a pas d'Esprits.

En se plaçant à un autre point de vue, on comprendra que les Esprits étant les âmes des hommes, après la mort nous serons nous-mêmes Esprits, et que nous serions peu disposés à servir de jouet pour satisfaire les fantaisies des curieux.

3. Bien que certains phénomènes puissent être provoqués, par la raison qu'ils proviennent d'intelligences libres, ils ne sont jamais à la disposition absolue de qui que ce soit, et quiconque se ferait fort de les obtenir à volonté prouverait ou son ignorance ou sa mauvaise foi. Il faut les attendre, les saisir au passage, et souvent c'est au moment où l'on s'y attend le moins que se présentent les faits les plus intéressants et les plus concluants. Celui qui veut sérieusement s'instruire doit donc apporter, en cela comme en toutes choses, de la patience, de la persévérance, et faire ce qui est nécessaire, autrement mieux vaut pour lui ne pas s'en occuper.

4. Les réunions où l'on s'occupe de manifestations spirites ne sont pas toujours dans de bonnes conditions, soit pour obtenir des résultats satisfaisants, soit pour amener la conviction : il en est même, il faut en conve-

nir, d'où les incrédules sortent moins convaincus qu'en entrant, objectant à ceux qui leur parlent du caractère sérieux du spiritisme, les choses souvent ridicules dont ils ont été témoins. Ils ne sont pas plus logiques que celui qui jugerait d'un art par les ébauches d'un écolier, d'une personne par sa caricature, ou d'une tragédie par sa parodie. Le spiritisme a aussi ses écoliers, celui qui veut s'éclairer ne puise pas ses renseignements à une seule source; ce n'est que par l'examen et la comparaison qu'il peut asseoir un jugement.

5. Les réunions frivoles ont un grave inconvénient pour les novices qui y assistent, en ce qu'elles leur donnent une fausse idée du caractère du spiritisme. Ceux qui n'ont assisté qu'à des réunions de ce genre, ne sauraient prendre au sérieux une chose qu'ils voient traiter avec légèreté par ceux mêmes qui s'en disent les adeptes. Une étude préalable leur apprendra à juger la portée de ce qu'ils voient, et à faire la part du bon et du mauvais.

6. Le même raisonnement s'applique à ceux qui jugent le spiritisme sur certains ouvrages excentriques qui ne peuvent en donner qu'un idée incomplète et ridicule. Le spiritisme sérieux n'est pas plus responsable de ceux qui le comprennent mal ou le pratiquent à contre-sens, que la poésie n'est responsable de ceux qui font de mauvais vers. Il est fâcheux, dit-on, que de tels ouvrages existent, car ils font tort à la véritable science. Il serait sans doute préférable qu'il n'y en eût que de bons; mais le plus grand tort est à ceux qui ne se donnent pas la peine de tout étudier. Tous les arts, toutes les sciences, d'ailleurs, sont dans le même cas; n'y a-t-il pas sur les choses les plus sérieuses des traités absurdes et remplis d'erreurs? Pourquoi le spiritisme serait-il privilégié sous ce rapport, surtout à son début? Si ceux qui le critiquent ne le jugeaient pas sur des apparences, ils sauraient ce

qu'il admet et ce qu'il rejette, et ne le chargeraient pas de ce qu'il répudie au nom de la raison et de l'expérience.

DES ESPRITS.

7. Les Esprits ne sont point, comme on se le figure souvent, des êtres à part dans la création ; ce sont les âmes de ceux qui ont vécu sur la terre ou dans d'autres mondes, dépouillées de leur enveloppe corporelle. Quiconque admet l'existence de l'âme survivant au corps, admet par cela même celle des Esprits ; nier les Esprits serait nier l'âme.

8. On se fait généralement une idée très fausse de l'état des Esprits ; ce ne sont point, comme quelques-uns le croient, des êtres vagues et indéfinis, ni des flammes comme les feux follets, ni des fantômes comme dans les contes de revenants. Ce sont des êtres semblables à nous, ayant un corps comme le nôtre, mais fluidique et invisible dans l'état normal.

9. Lorsque l'âme est unie au corps pendant la vie, elle a une double enveloppe : l'une lourde, grossière et destructible, qui est le corps ; l'autre fluidique, légère et indestructible, appelée *périsprit*.

10. Il y a donc en l'homme trois choses essentielles : 1° l'*âme* ou *Esprit*, principe intelligent en qui résident la pensée, la volonté et le sens moral ; 2° le *corps*, enveloppe matérielle, qui met l'Esprit en rapport avec le monde extérieur ; 3° le *périsprit*, enveloppe fluidique, légère, impondérable, servant de lien et d'intermédiaire entre l'Esprit et le corps.

11. Lorsque l'enveloppe extérieure est usée et ne peut plus fonctionner, elle tombe et l'Esprit s'en dépouille,

comme le fruit se dépouille de sa coque, l'arbre de son
écorce, le serpent de sa peau, en un mot comme on
quitte un vieil habit hors de service : c'est ce qu'on
appelle la *mort*.

12. La mort n'est que la destruction de l'enveloppe
matérielle ; l'âme abandonne cette enveloppe comme
le papillon quitte sa chrysalide ; mais elle conserve son
corps fluidique ou périsprit.

13. La mort du corps débarrasse l'Esprit de l'enveloppe qui l'attachait à la terre et le faisait souffrir ; une
fois délivré de ce fardeau, il n'a plus que son corps
éthéré, qui lui permet de parcourir l'espace et de franchir les distances avec la rapidité de la pensée.

14. L'union de l'âme, du périsprit et du corps matériel constitue l'*homme* ; l'âme et le périsprit séparés du
corps constituent l'être appelé *Esprit.*

Remarque. L'*âme* est ainsi un être simple ; l'*Esprit*, un être
double, et l'*homme* un être triple. Il serait donc plus exact de
réserver le mot *âme* pour désigner le principe intelligent, et le
mot *Esprit* pour l'être semi-matériel formé de ce principe et du
corps fluidique. Mais comme on ne peut concevoir le principe
intelligent isolé de toute matière, ni le périsprit sans être animé
par le principe intelligent, les mots *âme* et *Esprit* sont, dans
l'usage, indifféremment employés l'un pour l'autre ; c'est la figure qui consiste à prendre la partie pour le tout, de même qu'on
dit d'une ville qu'elle est peuplée de tant d'âmes, un village com-
posé de tant de feux ; mais philosophiquement, il est essentiel
d'en faire la différence.

15. Les Esprits, revêtus des corps matériels, constituent l'humanité ou monde corporel visible ; dépouillés
de ces corps, ils constituent le monde spirituel ou monde
invisible, qui peuple l'espace et au milieu duquel nous
vivons sans nous en douter, comme nous vivons au mi-

lieu du monde des infiniment petits que nous ne soupçonnions pas avant l'invention du microscope.

16. Les Esprits ne sont donc point des êtres abstraits,
vagues et indéfinis, mais des êtres concrets et circon-
scrits, auxquels il ne manque que d'être visibles pour
ressembler aux humains, d'où il suit que si, à un moment donné, le voile qui les dérobe à la vue pouvait être
levé, ils formeraient pour nous toute une population
environnante.

17. Les Esprits ont toutes les perceptions qu'ils avaient
sur la terre, mais à un plus haut degré, parce que leurs
facultés ne sont pas amorties par la matière ; ils ont des
sensations qui nous sont inconnues ; ils voient et enten-
dent des choses que nos sens limités ne nous permettent ni de voir ni d'entendre. Pour eux il n'y a point
d'obscurité, sauf ceux dont la punition est d'être tempo-
rairement dans les ténèbres. Toutes nos pensées se ré-
percutent en eux, et ils y lisent comme dans un livre
ouvert ; de sorte que ce que nous pouvions cacher à
quelqu'un de son vivant, nous ne le pouvons plus dès
qu'il est Esprit (*Livre des Esprits*, n° 237).

18. Les Esprits sont partout : ils sont parmi nous, à
nos côtés, nous coudoyant et nous observant sans cesse.
Par leur présence incessante au milieu de nous, les Esprits sont les agents de divers phénomènes ; ils jouent
un rôle important dans le monde moral, et jusqu'à un
certain point dans le monde physique ; ils constituent
ainsi une des puissances de la nature.

19. Dès lors qu'on admet la survivance de l'âme ou
de l'Esprit, il est rationnel d'admettre la survivance des
affections ; sans cela les âmes de nos parents et de nos
amis seraient à jamais perdues pour nous.

Puisque les Esprits peuvent aller partout, il est également rationnel d'admettre que ceux qui nous ont aimés

pendant leur vie terrestre, nous aiment encore après la mort, qu'ils viennent auprès de nous, qu'ils désirent se communiquer à nous, et qu'ils se servent pour cela des moyens qui sont à leur disposition; c'est ce que confirme l'expérience.

L'expérience prouve, en effet, que les Esprits conservent les affections sérieuses qu'ils avaient sur la terre, qu'ils se plaisent à revenir vers ceux qu'ils ont aimés, surtout lorsqu'ils y sont attirés par la pensée et les sentiments affectueux qu'on leur porte, tandis qu'ils sont indifférents pour ceux qui n'ont pour eux que de l'indifférence.

20. Le spiritisme a pour but la constation et l'étude de la manifestation des Esprits, de leurs facultés, de leur situation heureuse ou malheureuse, et de leur avenir; en un mot, la connaissance du monde spirituel. Ces manifestations étant avérées, elles ont pour résultat la preuve irrécusable de l'existence de l'âme, de sa survivance au corps, de son individualité après la mort, c'est-à-dire de la vie future; c'est, par cela même, la négation des doctrines matérialistes, non plus par des raisonnements, mais par des faits.

21. Une idée à peu près générale chez les personnes qui ne connaissent pas le spiritisme, est de croire que les Esprits, par cela seul qu'ils sont dégagés de la matière, doivent tout savoir et posséder la souveraine sagesse. C'est là une erreur grave.

Les Esprits n'étant que les âmes des hommes, celles-ci n'ont point acquis la perfection en quittant leur enveloppe terrestre. Le progrès de l'Esprit ne s'accomplit qu'avec le temps, et ce n'est que successivement qu'il se dépouille de ses imperfections, qu'il acquiert les connaissances qui lui manquent. Il serait aussi illogique d'admettre que l'Esprit d'un sauvage ou d'un criminel devient tout à coup savant ét vertueux, qu'il serait contraire à la justice de Dieu de penser qu'il restera perpétuellement dans son infériorité.

Comme il y a des hommes de tous les degrés de savoir et d'ignorance, de bonté et de méchanceté, il en est de même des Esprits. Il y en a qui ne sont que légers et espiègles, d'autres sont menteurs, fourbes, hypocrites, méchants, vindicatifs ; d'autres, au contraire, possèdent les vertus les plus sublimes et le savoir à un degré inconnu sur la terre. Cette diversité dans la qualité des Esprits est un des points les plus importants à considérer, car elle explique la nature bonne ou mauvaise des communications que l'on reçoit ; c'est à les distinguer qu'il faut surtout s'attacher. (*Liv. des Esprits*, n° 100, *Échelle spirite. — Liv. des Médiums*, chap. XXIV.)

COMMUNICATIONS AVEC LE MONDE INVISIBLE.

22. L'existence, la survivance et l'individualité de l'âme étant admises, le spiritisme se réduit à une seule question principale : *Les communications entre les âmes et les vivants sont-elles possibles?* Cette possibilité est un résultat d'expérience. Le fait des rapports entre le monde visible et le monde invisible une fois établi, la nature, la cause et le mode de ces rapports étant connus, c'est un nouveau champ ouvert à l'observation et la clef d'une foule de problèmes ; c'est en même temps un puissant élément moralisateur par la cessation du douté sur l'avenir.

23. Ce qui jette dans la pensée de beaucoup de personnes du doute sur la possibilité des communications d'outre-tombe, c'est l'idée fausse qu'on se fait de l'état de l'âme après la mort. On se la figure généralement comme un souffle, une fumée, quelque chose de vague, à peine saisissable par la pensée, qui s'évapore et s'en va on ne sait où, mais si loin qu'on a peine à comprendre qu'elle puisse revenir sur la terre. Si on la considère, au contraire, dans son union avec un corps fluidique, semi-matériel, avec lequel elle forme un être concret et individuel, ses rapports avec les vivants n'ont rien d'incompatible avec la raison.

24. Le monde visible vivant au milieu du monde invisible avec lequel il est en contact perpétuel, il en résulte qu'ils réagissent incessamment l'un sur l'autre ; que depuis qu'il y a des hommes il y a des Esprits, et que si ces derniers ont le pouvoir de se manifester, ils ont dû le faire à toutes les époques et chez tous les peuples. Cependant, dans ces derniers temps, les manifestations des Esprits ont pris un grand développement et ont acquis un plus grand caractère d'authenticité, parce qu'il était dans les vues de la Providence de mettre un terme à la plaie de l'incrédulité et du matérialisme par des preuves évidentes, en permettant à ceux qui ont quitté la terre de venir attester leur existence et nous révéler leur situation heureuse ou malheureuse.

25. Les rapports entre le monde visible et le monde invisible peuvent être occultes ou patents, spontanés ou provoqués.

Les Esprits agissent sur les hommes d'une manière occulte par les pensées qu'ils leur suggèrent et par certaines influences ; d'une manière patente par des effets appréciables aux sens.

Les manifestations spontanées ont lieu inopinément et à l'improviste ; elles se produisent souvent chez les personnes les plus étrangères aux idées spirites et qui, par cela même, ne pouvant s'en rendre compte, les attribuent à des causes surnaturelles. Celles qui sont provoquées ont lieu par l'entremise de certaines personnes douées à cet effet de facultés spéciales et que l'on désigne sous le nom de *médiums*.

26. Les Esprits peuvent se manifester de bien des manières différentes : par la vue, par l'audition, par le toucher, par des bruits, le mouvement des corps, l'écriture, le dessin, la musique, etc.

27. Les Esprits se manifestent quelquefois spontanément par des bruits et des coups frappés; c'est souvent pour eux un moyen d'attester leur présence et d'appeler sur eux l'attention, absolument comme lorsqu'une personne frappe pour avertir qu'il y a quelqu'un. Il en est qui ne se bornent pas à des bruits modérés, mais qui vont jusqu'à faire un vacarme pareil à celui de la vaisselle qui se brise, de portes qui s'ouvrent et se ferment, ou de meubles que l'on renverse; quelques-uns même causent une perturbation réelle et de véritables dégâts. (*Revue spirite*, 1858 : L'Esprit frappeur de Bergzabern, p. 125, 153, 184. — *Id.* L'Esprit frappeur de Dibbelsdorf, p. 219. — *Id.*, 1860 : Le boulanger de Dieppe, p. 76. — *Id.* Le fabricant de Saint-Pétersbourg, p. 115. — *Id.* Le chiffonnier de la rue des Noyers, p. 236).

28. Le périsprit, quoique invisible pour nous dans l'état normal, n'en est pas moins une matière éthérée. L'Esprit peut, dans certains cas, lui faire subir une sorte de modification moléculaire qui le rende visible et même tangible; c'est ainsi que se produisent les apparitions. Ce phénomène n'est pas plus extraordinaire que celui de la vapeur qui est invisible quand elle est très raréfiée et qui devient visible quand elle est condensée.

Les Esprits qui se rendent visibles se présentent presque toujours sous les apparences qu'ils avaient de leur vivant et qui peut les faire reconnaître.

29. La vue permanente et générale des Esprits est fort rare, mais les apparitions isolées sont assez fréquentes,

surtout au moment de la mort; l'Esprit dégagé semble se hâter d'aller revoir ses parents et ses amis, comme pour les avertir qu'il vient de quitter la terre et leur dire qu'il vit toujours. Que chacun recueille ses souvenirs, et l'on verra combien de faits authentiques de ce genre, dont on ne se rendait pas compte, ont eu lieu non-seulement la nuit, pendant le sommeil, mais en plein jour et à l'état de veille le plus complet. Jadis on regardait ces faits comme surnaturels et merveilleux, et on les attribuait à la magie et à la sorcellerie; aujourd'hui les incrédules les mettent sur le compte de l'imagination; mais depuis que la science spirite en a donné la clef, on sait comment ils se produisent et qu'ils ne sortent pas de l'ordre des phénomènes naturels.

30. C'est à l'aide de son périsprit que l'Esprit agissait sur son corps vivant; c'est encore avec ce même fluide qu'il se manifeste en agissant sur la matière inerte; qu'il produit les bruits, les mouvements des tables et autres objets qu'il soulève, renverse ou transporte. Ce phénomène n'a rien de surprenant si l'on considère que parmi nous les plus puissants moteurs se trouvent dans les fluides les plus raréfiés et même impondérables, comme l'air, la vapeur et l'électricité.

C'est également à l'aide de son périsprit que l'Esprit fait écrire, parler ou dessiner les médiums; n'ayant pas de corps tangible pour agir ostensiblement quand il veut se manifester, il se sert du corps du médium dont il emprunte les organes qu'il fait agir comme si c'était son propre corps, et cela par l'effluve fluidique qu'il déverse sur lui.

31. Dans le phénomène désigné sous le nom de *tables mouvantes* ou *tables parlantes*, c'est par le même moyen que l'Esprit agit sur la table, soit pour la faire mouvoir sans signification déterminée, soit pour lui faire frapper

des coups intelligents indiquant les lettres de l'alphabet pour former des mots et des phrases, phénomène désigné sous le nom de *typtologie*. La table n'est ici qu'un instrument dont il se sert, comme il le fait du crayon pour écrire; il lui donne une vitalité momentanée par le fluide dont il la pénètre, mais *il ne s'identifie point avec elle.* Les personnes qui, dans leur émotion, en voyant se manifester un être qui leur est cher, embrassent la table, font un acte ridicule, car c'est absolument comme si elles embrassaient le bâton dont un ami se sert pour frapper des coups. Il en est de même de celles qui adressent la parole à la table, comme si l'Esprit était enfermé dans le bois, ou comme si le bois était devenu Esprit.

Lorsque des communications ont lieu par ce moyen, il faut se représenter l'Esprit, non dans la table, mais à côté, *tel qu'il était de son vivant,* et tel qu'on le verrait si, à ce moment, il pouvait se rendre visible. La même chose a lieu dans les communications par l'écriture; on verrait l'Esprit à côté du médium, dirigeant sa main, ou lui transmettant sa pensée par un courant fluidique.

Lorsque la table se détache du sol et flotte dans l'espace sans point d'appui, l'Esprit ne la soulève pas à force de bras, mais l'enveloppe et la pénètre d'une sorte d'atmosphère fluidique qui neutralise l'effet de la gravitation, comme le fait l'air pour les ballons et les cerfs-volants. Le fluide dont elle est pénétrée lui donne momentanément une légèreté spécifique plus grande. Lorsqu'elle est clouée au sol, elle est dans un cas analogue à celui de la cloche pneumatique sous laquelle on fait le vide. Ce ne sont ici que des comparaisons pour montrer l'analogie des effets et non la similitude absolue des causes.

Lorsque la table poursuit quelqu'un, ce n'est pas l'Esprit qui court, car il peut rester tranquillement à la même place, mais qui lui donne l'impulsion par un courant fluidique à l'aide duquel il la fait mouvoir à son gré.

Lorsque des coups se font entendre dans la table ou ailleurs, l'Esprit ne frappe ni avec sa main ni avec un objet quelconque; il dirige sur le point d'où part le bruit un jet de fluide qui produit l'effet d'un choc électrique. Il modifie le bruit comme on peut modifier les sons produits par l'air.

On comprend, d'après cela, qu'il n'est pas plus difficile à l'Esprit *d'enlever une personne* que d'enlever une table, de transporter un objet d'un endroit à un autre ou de le lancer quelque part; ces phénomènes se produisent par la même loi.

32. On peut voir, par ce peu de mots, que les manifestations spirites, de quelque nature qu'elles soient, n'ont rien de surnaturel ni de merveilleux. Ce sont des phénomènes qui se produisent en vertu de la loi qui régit les rapports du monde visible et du monde invisible, loi tout aussi naturelle que celles de l'électricité, de la gravitation, etc. Le spiritisme est la science qui nous fait connaître cette loi, comme la mécanique nous fait connaître la loi du mouvement, l'optique celle de la lumière. Les manifestations spirites étant dans la nature, se sont produites à toutes les époques; la loi qui les régit étant connue nous explique une foule de problèmes regardés comme insolubles; c'est la clef d'une multitude de phénomènes exploités et amplifiés par la superstition.

33. Le merveilleux étant complétement écarté, ces phénomènes n'ont plus rien qui répugne à la raison, car ils viennent prendre place à côté des autres phénomènes naturels. Dans les temps d'ignorance, tous les effets dont on ne connaissait pas la cause étaient réputés surnaturels. Les découvertes de la science ont successivement

restreint le cercle du merveilleux; la connaissance de cette nouvelle loi vient le réduire à néant. Ceux donc qui accusent le spiritisme de ressusciter le merveilleux prouvent, par cela même, qu'ils parlent d'une chose qu'ils ne connaissent pas.

34. Les manifestations des Esprits sont de deux natures : *les effets physiques* et *les communications intelligentes*. Les premiers sont les phénomènes matériels et ostensibles, tels que les mouvements, les bruits, les transports d'objets, etc.; les autres consistent dans l'échange régulier de pensées à l'aide des signes, de la parole et principalement de l'écriture.

35. Les communications que l'on reçoit des Esprits peuvent être bonnes ou mauvaises, justes ou fausses, profondes ou légères, selon la nature des Esprits qui se manifestent. Ceux qui prouvent de la sagesse et du savoir sont des Esprits avancés qui ont progressé; ceux qui prouvent de l'ignorance et de mauvaises qualités sont des Esprits encore arriérés, mais chez qui le progrès se fera avec le temps.

Les Esprits ne peuvent répondre que sur ce qu'ils savent, selon leur avancement, et, de plus, sur ce qu'il leur est permis de dire, car il est des choses qu'ils ne doivent pas révéler, parce qu'il n'est pas encore donné aux hommes de tout connaître.

36. De la diversité dans les qualités et les aptitudes des Esprits, il résulte qu'il ne suffit pas de s'adresser à un Esprit quelconque pour avoir une réponse juste à toute question, car, sur beaucoup de choses, il ne peut donner que son opinion personnelle, qui peut être juste ou fausse. S'il est sage, il avouera son ignorance sur ce qu'il ne sait pas; s'il est léger ou menteur, il répondra sur tout sans se soucier de la vérité; s'il est orgueilleux, il donnera son idée comme une vérité absolue. C'est pour

cela que saint Jean l'Évangéliste dit : « *Ne croyez point à tout Esprit, mais éprouvez si les Esprits sont de Dieu.* » L'expérience prouve la sagesse de ce conseil. Il y aurait donc imprudence et légèreté à accepter sans contrôle tout ce qui vient des Esprits. C'est pourquoi il est essentiel d'être édifié sur la nature de ceux auxquels on a affaire. (*Livre des Médiums*, n° 267.)

37. On reconnaît la qualité des Esprits à leur langage ; celui des Esprits vraiment bons et supérieurs est toujours digne, noble, logique, exempt de contradiction ; il respire la sagesse, la bienveillance, la modestie et la morale la plus pure ; il est concis et sans paroles inutiles. Chez les Esprits inférieurs, ignorants ou orgueilleux, le vide des idées est presque toujours compensé par l'abondance des paroles. Toute pensée évidemment fausse, toute maxime contraire à la saine morale, tout conseil ridicule, toute expression grossière, triviale ou simplement frivole, enfin toute marque de malveillance, de présomption ou d'arrogance sont des signes incontestables d'infériorité chez un Esprit.

38. Les Esprits inférieurs sont plus ou moins ignorants ; leur horizon moral est borné, leur perspicacité restreinte ; ils n'ont des choses qu'une idée souvent fausse et incomplète ; ils sont, en outre, encore sous l'empire des préjugés terrestres qu'ils prennent quelquefois pour des vérités ; c'est pourquoi ils sont incapables de résoudre certaines questions. Ils peuvent nous induire en erreur, volontairement ou involontairement, sur ce qu'ils ne comprennent pas eux-mêmes.

39. Les Esprits inférieurs ne sont pas pour cela tous essentiellement mauvais ; il y en a qui ne sont qu'ignorants et légers ; il en est de facétieux, de spirituels, d'amusants et qui savent manier la plaisanterie fine et mordante. A côté de cela, on trouve dans le monde des

Esprits, comme sur la terre, tous les genres de perversité et tous les degrés de supériorité intellectuelle et morale.

40. Les Esprits supérieurs ne s'occupent que des communications intelligentes en vue de notre instruction; les manifestations physiques ou purement matérielles sont plus spécialement dans les attributions des Esprits inférieurs, vulgairement désignés sous le nom d'*Esprits frappeurs*, comme, parmi nous, les tours de force sont le fait des saltimbanques et non des savants.

41. Les communications avec les Esprits doivent toujours être faites avec calme et recueillement: on ne doit jamais perdre de vue que les Esprits sont les âmes des hommes et qu'il serait inconvenant d'en faire un jeu et un sujet de plaisanterie. Si l'on a du respect pour la dépouille mortelle, on doit en avoir encore plus pour l'Esprit. Les réunions frivoles et légères manquent donc à un devoir, et ceux qui en font partie devraient songer que d'un moment à l'autre ils peuvent entrer dans le monde des Esprits, et qu'ils ne verraient pas avec plaisir qu'on les traitât avec si peu de déférence.

42. Un autre point également essentiel à considérer, c'est que les Esprits sont libres; ils se communiquent quand ils veulent, à qui il leur convient, et aussi quand ils le peuvent, car ils ont leurs occupations. Ils ne sont aux ordres et au caprice de qui que ce soit, et il n'est donné à personne de les faire venir contre leur gré, ni de leur faire dire ce qu'ils veulent taire; de sorte que nul ne peut affirmer qu'un Esprit quelconque viendra à son appel à un moment déterminé, ou répondra à telle ou telle question. Dire le contraire, c'est prouver l'ignorance absolue des principes les plus élémentaires du spiritisme; *le charlatanisme seul a des sources infaillibles.*

43. Les Esprits sont attirés par la sympathie, la similitude des goûts et des caractères, l'intention qui fait désirer leur présence. Les Esprits supérieurs ne vont pas plus dans les réunions futiles qu'un savant de la terre n'irait dans une assemblée de jeunes étourdis. Le simple bon sens dit qu'il n'en peut être autrement; ou, s'ils y vont parfois, c'est pour donner un conseil salutaire, combattre les vices, tâcher de ramener dans la bonne voie; s'ils ne sont pas écoutés, ils se retirent. Ce serait avoir une idée complétement fausse de croire que des Esprits sérieux puissent se complaire à répondre à des futilités, à des questions oiseuses qui ne prouvent ni attachement ni respect pour eux, ni désir réel de s'instruire, et encore moins qu'ils puissent venir se mettre en spectacle pour l'amusement des curieux. Ils ne l'eussent pas fait de leur vivant, ils ne peuvent le faire après leur mort.

44. La frivolité des réunions a pour résultat d'attirer les Esprits légers qui ne cherchent que les occasions de tromper et de mystifier. Par la même raison que les hommes graves et sérieux ne vont pas dans les assemblées légères, les Esprits sérieux ne vont que dans les réunions sérieuses dont le but est l'instruction et non la curiosité; c'est dans les réunions de ce genre que les Esprits supérieurs se plaisent à donner leurs enseignements.

45. De ce qui précède, il résulte que toute réunion spirite, pour être profitable, doit, comme première condition, être sérieuse et recueillie; que tout doit s'y passer respectueusement, religieusement, et avec dignité, si l'on veut obtenir le concours habituel des bons Esprits. Il ne faut pas oublier que si ces mêmes Esprits s'y fussent présentés de leur vivant, on aurait eu pour eux des égards auxquels ils ont encore plus de droit après leur mort.

46. En vain allègue-t-on l'utilité de certaines expériences curieuses frivoles et amusantes pour convaincre

les incrédules : c'est à un résultat tout opposé qu'on arrive.
L'incrédule, déjà porté à se railler des croyances les plus
sacrées, ne peut voir une chose sérieuse dans ce dont
on fait une plaisanterie ; il ne peut être porté à respecter
ce qui ne lui est pas présenté d'une manière respectable ; aussi, des réunions futiles et légères, de celles où
il n'y a ni ordre, ni gravité, ni recueillement, il emporte
toujours une mauvaise impression. Ce qui peut surtout
le convaincre, c'est la preuve de la présence d'êtres dont
la mémoire lui est chère ; c'est devant leurs paroles
graves et solennelles, c'est devant les révélations intimes
qu'on le voit s'émouvoir et pâlir. Mais, par cela même
qu'il a plus de respect, de vénération, d'attachement
pour la personne dont l'âme se présente à lui, il est
choqué, scandalisé de la voir venir dans une assemblée
irrespectueuse, au milieu des tables qui dansent et des
lazzis des Esprits légers ; tout incrédule qu'il est, sa conscience repousse cette alliance du sérieux et du frivole,
du religieux et du profane, c'est pourquoi il taxe tout
cela de jonglerie, et sort souvent moins convaincu qu'il
n'était entré.

Les réunions de cette nature font toujours plus de mal
que de bien, car elles éloignent de la doctrine plus de
personnes qu'elles n'y en amènent, sans compter qu'elles
prêtent le flanc à la critique des détracteurs qui y trouvent des motifs fondés de raillerie.

47. C'est à tort qu'on se fait un jeu des manifestations
physiques ; si elles n'ont pas l'importance de l'enseignement philosophique, elles ont leur utilité, au point de
vue des phénomènes, car elles sont l'alphabet de la
science dont elles ont donné la clef. Quoique moins nécessaires aujourd'hui, elles aident encore à la conviction
de certaines personnes. Mais elles n'excluent nullement
l'ordre et la bonne tenue dans les réunions où on les

expérimente; si elles étaient toujours pratiquées d'une manière convenable, elles convaincraient plus facilement et produiraient, sous tous les rapports, de bien meilleurs résultats.

48. Certaines personnes se font une idée très fausse des évocations; il en est qui croient qu'elles consistent à faire revenir les morts avec l'appareil lugubre de la tombe. Le peu que nous avons dit à ce sujet doit dissiper cette erreur. Ce n'est que dans les romans, dans les contes fantastiques de revenants et au théâtre qu'on voit les morts décharnés, sortir de leurs sépulcres, affublés de linceuls, et faisant claquer leurs os. Le spiritisme, qui n'a jamais fait de miracles, n'a pas plus fait celui-là que d'autres, et jamais il n'a fait revivre un corps mort; quand le corps est dans la fosse, il y est bien définitivement; mais l'être spirituel, fluidique, intelligent n'y a point été mis avec son enveloppe grossière; il s'en est séparé au moment de la mort, et une fois la séparation opérée, il n'a plus rien de commun avec elle.

49. La critique malveillante s'est plu à représenter les communications spirites comme entourées des pratiques ridicules et superstitieuses de la magie et de la nécromancie. Si ceux qui parlent du spiritisme sans le connaître s'étaient donné la peine d'étudier ce dont ils veulent parler, ils se seraient épargné des frais d'imagination ou des allégations qui ne servent qu'à prouver leur ignorance et leur mauvais vouloir. Pour l'édification des personnes étrangères à la science, nous dirons qu'il n'y a, pour communiquer avec les Esprits, ni jours, n heures, ni lieux plus propices les uns que les autres; qu'il ne faut, pour les évoquer, ni formules, ni paroles sacramentelles ou cabalistiques; qu'il n'est besoin d'aucune préparation ni d'aucune initiation; que l'emploi de tout signe ou objet matériel, soit pour les attirer, soit

pour les repousser est sans effet, et que la pensée suffit ; enfin que les médiums reçoivent leurs communications aussi simplement et aussi naturellement que si elles étaient dictées par une personne vivante sans sortir de l'état normal. Le charlatanisme seul pourrait affecter des manières excentriques et ajouter des accessoires ridicules.

L'appel des Esprits se fait au nom de Dieu, avec respect et recueillement ; c'est la seule chose qui soit recommandée aux gens sérieux qui veulent avoir des rapports avec des Esprits sérieux.

BUT PROVIDENTIEL DES MANIFESTATIONS SPIRITES.

50. Le but providentiel des manifestations est de convaincre les incrédules que tout ne finit pas pour l'homme avec la vie terrestre, et de donner aux croyants des idées plus justes sur l'avenir. Les bons Esprits viennent nous instruire en vue de notre amélioration et de notre avancement, et non pour nous révéler ce que nous ne devons pas encore savoir ou ce que nous ne devons apprendre que par notre travail. S'il suffisait d'interroger les Esprits pour obtenir la solution de toutes les difficultés scientifiques, ou pour faire des découvertes et des inventions lucratives, tout ignorant pourrait devenir savant à bon marché, et tout paresseux pourrait s'enrichir sans peine ; c'est ce que Dieu ne veut pas. Les Esprits aident l'homme de génie par l'inspiration occulte, mais ne l'exemptent ni du travail ni des recherches afin de lui en laisser le mérite.

51. Ce serait avoir une idée bien fausse des Esprits que de voir en eux les auxiliaires des diseurs de bonne aventure ; les Esprits sérieux refusent de s'occuper des choses futiles ; les Esprits légers et moqueurs s'occupent

de tout, répondent à tout, prédisent tout ce qu'on veut, sans s'inquiéter de la vérité, et se font un malin plaisir de mystifier les gens trop crédules ; c'est pourquoi il est essentiel d'être parfaitement fixé sur la nature des questions qu'on peut adresser aux Esprits. (*Liv. des Médiums*, n° 286 : Questions qu'on peut adresser aux Esprits.)

52. En dehors de ce qui peut aider au progrès moral, il n'y a qu'incertitude dans les révélations que l'on peut obtenir des Esprits. La première conséquence fâcheuse pour celui qui détourne sa faculté du but providentiel, c'est d'être mystifié par les Esprits trompeurs qui pullulent autour des hommes ; la seconde, de tomber sous l'empire de ces mêmes Esprits qui peuvent, par de perfides conseils, conduire à des malheurs réels et matériels sur terre ; la troisième est de perdre, après la vie terrestre, le fruit de la connaissance du spiritisme.

53. Les manifestations ne sont donc point destinées à servir les intérêts matériels ; leur utilité est dans les conséquences morales qui en découlent ; mais n'eussent-elles pour résultat que de faire connaître une nouvelle loi de nature, de démontrer matériellement l'existence de l'âme et son immortalité, ce serait déjà beaucoup, car ce serait une large voie nouvelle ouverte à la philosophie.

DES MÉDIUMS.

54. Les médiums présentent de très nombreuses variétés dans leurs aptitudes, ce qui les rend plus ou moins propres à l'obtention de tel ou tel phénomène, de tel ou tel genre de communication. Selon ces aptitudes, on les distingue en médiums *à effets physiques, à communications intelligentes, voyants, parlants,*

auditifs, sensitifs, dessinateurs, polyglottes, poètes, musiciens, écrivains, etc. On ne peut attendre d'un médium ce qui est en dehors de sa faculté. Sans la connaissance des aptitudes médianimiques, l'observateur ne peut se rendre compte de certaines difficultés, ou de certaines impossibilités qui se rencontrent dans la pratique. (*Liv. des Médiums*, chap. XVI, n° 185.)

55. Les médiums à effets physiques sont plus particulièrement aptes à provoquer des phénomènes matériels tels que les mouvements, les coups frappés, etc., à l'aide de tables ou autres objets; quand ces phénomènes révèlent une pensée, ou obéissent à une volonté, ce sont des effets intelligents qui, par cela même, dénotent une cause intelligente : c'est pour les Esprits une manière de se manifester. Au moyen d'un nombre de coups de convention, on obtient des réponses par *oui* ou par *non*, ou la désignation des lettres de l'alphabet qui servent à former des mots ou des phrases. Ce moyen primitif est très long et ne se prête pas à de grands développements. Les tables parlantes furent le début de la science; aujourd'hui qu'on possède des moyens de communication aussi rapides et aussi complets qu'entre vivants, on ne s'en sert plus guère qu'accidentellement et comme expérimentation.

56. De tous les moyens de communication, l'écriture est à la fois le plus simple, le plus rapide, le plus commode, et celui qui permet le plus de développements; c'est aussi la faculté que l'on rencontre le plus fréquemment chez les médiums.

57. Pour obtenir l'écriture, on s'est servi, dans le principe, d'intermédiaires matériels tels que corbeilles, planchettes, etc., munies d'un crayon. (*Liv. des Médiums*, chap. XIII, n°ˢ 152 et suiv.) Plus tard on a reconnu l'inutilité de ces accessoires et la possibilité, pour les mé-

diums, d'écrire directement avec la main, comme dans les circonstances ordinaires.

58 Le médium écrit sous l'influence des Esprits qui se servent de lui comme d'un instrument; sa main est entraînée par un mouvement involontaire que le plus souvent il ne peut maîtriser. Certains médiums n'ont aucune conscience de ce qu'ils écrivent; d'autres en ont une conscience plus ou moins vague, quoique la pensée leur soit étrangère : c'est ce qui distingue les *médiums mécaniques* des *médiums intuitifs* ou *semi-mécaniques*. La science spirite explique le mode de transmission de la pensée de l'Esprit au médium, et le rôle de ce dernier dans les communications. (*Liv. des Médiums*, chap. XV, nᵒˢ 179 et suiv.; — chap. XIX, nᵒˢ 223 et suiv.)

59. Le médium ne possède que la faculté de communiquer, mais la communication effective dépend de la volonté des Esprits. Si les Esprits ne veulent pas se manifester, le médium n'obtient rien; il est comme un instrument sans musicien.

Les Esprits ne se communiquant que lorsqu'ils le veulent, ou le peuvent, ne sont au caprice de personne; *aucun médium n'a le pouvoir de les faire venir à sa volonté et contre leur gré.*

Ceci explique l'intermittence de la faculté chez les meilleurs médiums, et les interruptions qu'ils subissent parfois pendant plusieurs mois.

Ce serait donc à tort qu'on assimilerait la médiumnité à un *talent*. Le talent s'acquiert par le travail; celui qui le possède en est toujours le maître; le médium ne l'est jamais de sa faculté, puisqu'elle dépend d'une volonté étrangère.

60. Les médiums à effets physiques qui obtiennent régulièrement et à volonté la production de certains phénomènes, en admettant que ce ne soit pas le fait de

la jonglerie, ont affaire à des Esprits de bas étage qui se complaisent à ces sortes d'exhibitions, et qui peut-être ont fait ce métier de leur vivant; mais il serait absurde de penser que des Esprits tant soit peu élevés s'amusent à faire la parade. (Voir ci-dessus page 60.)

61. L'obscurité nécessaire à la production de certains effets *physiques* prête sans doute à la suspicion, mais ne prouve rien contre la réalité. On sait qu'en chimie, il est des combinaisons qui ne peuvent s'opérer à la lumière ; que des compositions et des décompositions ont lieu sous l'action du fluide lumineux; or, tous les phénomènes spirites sont le résultat de la combinaison des fluides propres de l'Esprit et du médium; ces fluides étant de la matière, il n'y a rien d'étonnant à ce que, dans certains cas, le fluide lumineux soit contraire à cette combinaison.

62. Les communications intelligentes ont également lieu par l'action fluidique de l'Esprit sur le médium; il faut que le fluide de ce dernier s'identifie avec celui de l'Esprit. La facilité des communications dépend du degré d'*affinité* qui existe entre les deux fluides. Chaque médium est ainsi plus ou moins apte à recevoir l'*impression* ou l'*impulsion* de la pensée de tel ou tel Esprit; il peut être un bon instrument pour l'un et un mauvais pour un autre. Il en résulte que deux médiums également bien doués étant à côté l'un de l'autre, un Esprit pourra se manifester par l'un et non par l'autre.

63. C'est donc une erreur de croire qu'il suffit d'être médium pour recevoir avec une égale facilité des communications de tout Esprit. Il n'existe pas plus de médiums universels pour les évocations, que pour l'aptitude à produire tous les phénomènes. Les Esprits recherchent de préférence les instruments qui vibrent à leur unisson; leur imposer le premier venu, serait

comme si l'on imposait à un pianiste de jouer du violon, par la raison que sachant la musique, il doit pouvoir jouer de tous les instruments.

64. Sans l'harmonie, qui seule peut amener l'assimilation fluidique, les communications sont impossibles, incomplètes ou fausses. Elles peuvent être fausses, parce qu'à défaut de l'Esprit désiré, il n'en manque pas d'autres prêts à saisir l'occasion de se manifester, et qui se soucient fort peu de dire la vérité.

65. L'assimilation fluidique est quelquefois tout à fait impossible entre certains Esprits et certains médiums; d'autres fois, et c'est le cas le plus ordinaire, elle ne s'établit que graduellement et à la longue : c'est ce qui explique pourquoi les Esprits qui ont l'habitude de se manifester par un médium le font avec plus de facilité, et pourquoi les premières communications attestent presque toujours une certaine gêne, et sont moins explicites.

66. L'assimilation fluidique est aussi nécessaire dans les communications par la *typtologie* que par l'écriture, attendu que, dans l'un et l'autre cas, il s'agit de la transmission de la pensée de l'Esprit, quel que soit le moyen matériel employé.

67. Ne pouvant imposer un médium à l'Esprit qu'on veut évoquer, il convient de lui laisser le choix de son instrument. Dans tous les cas, il est nécessaire que le médium s'identifie préalablement avec l'Esprit par le recueillement et la prière, au moins pendant quelques minutes, et même plusieurs jours d'avance si cela se peut, de manière à provoquer et à activer l'assimilation fluidique. C'est le moyen d'atténuer la difficulté.

68. Lorsque les conditions fluidiques ne sont pas propices à la communication directe de l'Esprit au médium, elle peut se faire par l'intermédiaire du guide

spirituel de ce dernier; dans ce cas la pensée n'arrive que de seconde main, c'est-à-dire après avoir traversé deux milieux. On comprend alors combien il importe que le médium soit bien assisté, car s'il l'est par un Esprit obsesseur, ignorant ou orgueilleux, la communication sera nécessairement altérée.

Ici les qualités personnelles du médium jouent forcément un rôle important, par la nature des Esprits qu'il attire à lui. Les médiums les plus indignes peuvent avoir de puissantes facultés, mais les plus sûrs sont ceux qui, à cette puissance, joignent les meilleures sympathies dans le monde spirituel; or, ces sympathies ne sont *nullement garanties* par les noms plus ou moins imposants des Esprits, ou que prennent les Esprits qui signent les communications, mais par la nature *constamment bonne* des communications qu'ils en reçoivent.

69. Quel que soit le mode de communication, la pratique du spiritisme, au point de vue expérimental, présente de nombreuses difficultés, et n'est pas exempte d'inconvénients pour quiconque manque de l'expérience nécessaire. Que l'on expérimente soi-même, ou que l'on soit simple observateur, il est essentiel de savoir distinguer les différentes natures d'Esprits qui peuvent se manifester, de connaître la cause de tous les phénomènes, les conditions dans lesquelles ils peuvent se produire, les obstacles qui peuvent s'y opposer, afin de ne pas demander l'impossible; il n'est pas moins nécessaire de connaître toutes les conditions et tous les écueils de la médiumnité, l'influence du milieu, des dispositions morales, etc. (*Liv. des Médiums,* 2ᵉ partie.)

ÉCUEILS DES MÉDIUMS.

70. Un des plus grands écueils de la médiumnité, c'est

l'obsession, c'est-à-dire l'empire que certains Esprits peuvent exercer sur les médiums, en s'imposant à eux sous des noms apocryphes et en les empêchant de communiquer avec d'autres Esprits. C'est en même temps un écueil pour l'observateur novice et inexpérimenté qui, ne connaissant pas les caractères de ce phénomène, peut être abusé par les apparences, comme celui qui, ne sachant pas la médecine, peut se faire illusion sur la cause et la nature d'un mal. Si l'étude préalable, dans ce cas, est utile pour l'observateur, elle est indispensable pour le médium en ce qu'elle lui fournit les moyens de prévenir un inconvénient qui pourrait avoir pour lui des conséquences fâcheuses ; c'est pourquoi nous ne saurions trop recommander l'étude avant de se livrer à la pratique. (*Liv. des Médiums*, chap. XXIII.)

71. L'obsession présente trois degrés principaux bien caractérisés : *l'obsession simple, la fascination* et *la subjugation*. Dans le premier, le médium a parfaitement conscience qu'il n'obtient rien de bon ; il ne se fait aucune illusion sur la nature de l'Esprit qui s'obstine à se manifester à lui et dont il a le désir de se débarrasser. Ce cas n'offre aucune gravité : ce n'est qu'un simple désagrément, et le médium en est quitte pour cesser momentanément d'écrire. L'Esprit se lassant de n'être pas écouté finit par se retirer.

La *fascination obsessionnelle* est beaucoup plus grave, en ce que le médium se fait complétement illusion. L'Esprit qui le domine s'empare de sa confiance au point de paralyser son propre jugement, pour ce qui regarde les communications, et de lui faire trouver sublimes les choses les plus absurdes.

Le caractère distinctif de ce genre d'obsession est de provoquer chez le médium une excessive susceptibilité ; de le porter à ne trouver bon, juste et vrai que ce qu'il

écrit, à repousser, et même à prendre en mauvaise part
tout conseil et toute observation critique; à rompre avec
ses amis plutôt que de convenir qu'il est abusé; à concevoir de la jalousie contre les autres médiums, dont les
communications sont jugées meilleures que les siennes;
à vouloir s'imposer dans les réunions spirites dont il
s'éloigne quand il ne peut pas y dominer. Il arrive enfin
à subir une domination telle que l'Esprit peut le pousser
aux démarches les plus ridicules et les plus compromet-
tantes.

72. Un des caractères distinctifs des mauvais Esprits
est de s'imposer; ils donnent des ordres et veulent être
obéis; les bons ne s'imposent jamais : ils donnent des
conseils, et si on ne les écoute pas, ils se retirent. Il en
résulte que l'impression des mauvais Esprits est presque
toujours pénible, fatigante et produit une sorte de ma-
laise; souvent elle provoque une agitation fébrile, des
mouvements brusques et saccadés; celle des bons Esprits, au contraire, est calme, douce et procure un véritable bien-être.

73. La *subjugation obsessionnelle*, désignée jadis sous le
nom de *possession*, est une contrainte physique toujours
exercée par des Esprits de la pire espèce et qui peut aller
jusqu'à la neutralisation du libre arbitre. Elle se borne
souvent à de simples impressions désagréables, mais elle
provoque quelquefois des mouvements désordonnés, des
actes insensés, des cris, des paroles incohérentes ou in-
jurieuses dont celui qui en est l'objet comprend parfois
tout le ridicule, mais dont il ne peut se défendre. Cet
état diffère essentiellement de la *folie pathologique*, avec
laquelle on le confond à tort, car il n'y a aucune lésion
organique; la cause étant différente, les moyens curatifs
doivent être tout autres. En y appliquant le procédé ordinaire des douches et des traitements corporels, on ar-

rive souvent à déterminer une véritable folie, là où il n'y avait qu'une cause morale.

74. Dans la folie proprement dite, la cause du mal est intérieure; il faut chercher à rétablir l'organisme dans l'état normal; dans la *subjugation*, la cause du mal est extérieure; il faut débarrasser le malade d'un ennemi invisible en lui opposant, non des remèdes, mais *une force morale supérieure à la sienne.* L'expérience prouve qu'en pareil cas les exorcismes n'ont jamais produit aucun résultat satisfaisant et qu'ils ont plutôt aggravé qu'amélioré la situation. Le spiritisme, en indiquant la véritable cause du mal, peut seul donner les moyens de le combattre. il faut en quelque sorte faire l'éducation morale de l'Esprit obsesseur; par des conseils sagement dirigés, on arrive à le rendre meilleur et à lui faire renoncer volontairement à tourmenter le malade, et alors celui-ci est délivré. (*Liv. des Méd.*, n° 279. — *Revue spirite*, février, mars et juin 1864. *La jeune obsédée de Marmande.*)

75. La subjugation obsessionnelle est le plus ordinairement individuelle; mais lorsqu'une troupe de mauvais Esprits s'abat sur une population, elle peut avoir un caractère épidémique. C'est un phénomène de ce genre qui eut lieu du temps du Christ; une puissante supériorité morale pouvait seule dompter ces êtres malfaisants, désignés alors sous le nom de *démons*, et rendre le calme à leurs victimes (1).

76. Un fait important à considérer, c'est que l'obsession, de quelque nature qu'elle soit, est indépendante de la médiumnité, et qu'on la rencontre à tous les degrés, principalement la dernière, chez une foule d'individus

______

(1) Une épidémie semblable sévit depuis plusieurs années dans un village de la Haute-Savoie. (**Voir** la *Revue Spirite*, avril et décembre 1862; janvier, février, avril et mai 1863 : *Les possédés de Morzines.*)

qui n'ont jamais entendu parler de spiritisme. En effet, les Esprits ayant existé de tout temps ont dû, de tout temps, exercer la même influence; la médiumnité n'est point une cause, ce n'est qu'un mode de manifestation de cette influence; d'où l'on peut dire avec certitude que tout médium obsédé a dû subir d'une manière quelconque, et souvent dans les actes les plus vulgaires de la vie, les effets de cette influence; que sans la médiumnité elle se traduirait par d'autres effets, attribués souvent à ces maladies mystérieuses qui échappent à toutes les investigations de la médecine. Par la médiumnité, l'être malfaisant trahit sa présence; sans la médiumnité, c'est un ennemi caché dont on ne se défie pas.

77. Ceux qui n'admettent rien en dehors de la matière ne peuvent admettre de cause occulte; mais quand la science sera sortie de l'ornière matérialiste, elle reconnaîtra dans l'action du monde invisible qui nous entoure et au milieu duquel nous vivons, une puissance qui réagit sur les choses physiques aussi bien que sur les choses morales; ce sera une nouvelle voie ouverte au progrès et la clef d'une foule de phénomènes mal compris.

78. Comme l'obsession ne peut jamais être le fait d'un bon Esprit, un point essentiel c'est de savoir reconnaître la nature de ceux qui se présentent. Le médium non éclairé peut être trompé par les apparences; celui qui est prévenu épie les moindres signes suspects, et l'Esprit finit par se retirer quand il voit qu'il n'a rien à faire. La connaissance préalable des moyens de distinguer les bons Esprits des mauvais est donc indispensable au médium qui ne veut pas s'exposer à être pris au piége. Elle ne l'est pas moins pour le simple observateur qui peut, par ce moyen, apprécier la valeur de ce qu'il voit ou entend. (*Liv. des Mediums*, chap. **xxiv**.)

QUALITÉS DES MÉDIUMS.

79. La faculté médianimique tient à l'organisme ; elle est indépendante des qualités morales du médium, et on la trouve développée chez les plus indignes comme chez les plus dignes. Il n'en est pas de même de la préférence donnée au médium par les bons Esprits.

80. Les bons Esprits se communiquent plus ou moins volontiers par tel ou tel médium, selon leur sympathie pour son propre Esprit. Ce qui constitue la qualité d'un médium, ce n'est point la facilité avec laquelle il obtient des communications, mais son aptitude à n'en recevoir que de bonnes et à n'être pas le jouet d'Esprits légers et trompeurs.

81. Les médiums qui laissent le plus à désirer au point de vue moral reçoivent quelquefois de très bonnes communications qui ne peuvent venir que de bons Esprits, ce dont on a tort de s'étonner : c'est souvent dans l'intérêt du médium et pour lui donner de sages avis ; s'il n'en profite pas, il n'en est que plus coupable, car il écrit sa propre condamnation. Dieu, dont la bonté est infinie, ne peut refuser assistance à ceux qui en ont le plus besoin. Le vertueux missionnaire qui va moraliser les criminels ne fait pas autre chose que ce que font les bons Esprits avec les médiums imparfaits.

D'un autre côté, les bons Esprits, voulant donner un enseignement utile à tout le monde, se servent de l'instrument qu'ils ont sous la main ; mais ils le quittent quand ils en trouvent un qui leur est plus sympathique et qui met à profit leurs leçons. Les bons Esprits se retirant, les Esprits inférieurs, peu soucieux des qualités morales qui les gênent, ont alors le champ libre.

Il en résulte que les médiums imparfaits moralement

et qui ne s'amendent pas sont, tôt ou tard, la proie des mauvais Esprits qui, souvent, les conduisent à la ruine et aux plus grands malheurs en ce monde même. Quant à leur faculté, de belle qu'elle était, et qu'elle serait restée, elle se pervertit d'abord par l'abandon des bons Esprits et finit par se perdre.

82. Les médiums les plus méritants ne sont pas à l'abri des mystifications des Esprits trompeurs; d'abord parce qu'il n'est personne d'assez parfait pour ne pas avoir un côté faible par lequel il puisse donner accès aux mauvais Esprits; en second lieu, les bons Esprits le permettent quelquefois pour exercer le jugement, apprendre à discerner la vérité de l'erreur et tenir en défiance, afin qu'on n'accepte rien aveuglément et sans contrôle; mais la tromperie ne vient jamais d'un bon Esprit, et tout nom respectable dont est signée une erreur est nécessairement apocryphe.

Ce peut encore être une épreuve pour la patience et la persévérance de tout spirite, médium ou non; celui qui se découragerait pour quelques déceptions prouverait aux bons Esprits qu'ils ne peuvent pas compter sur lui.

83. Il n'est pas plus étonnant de voir de mauvais Esprits obséder des personnes méritantes qu'il n'est surprenant de voir de mauvaises gens s'acharner sur la terre après les hommes de bien.

Il est remarquable que, depuis la publication du *Livre des médiums*, les médiums obsédés sont beaucoup moins nombreux, parce qu'étant prévenus, ils se tiennent sur leurs gardes et épient les moindres signes qui peuvent trahir la présence d'un Esprit trompeur. La plupart de ceux qui le sont, ou n'ont pas étudié préalablement, ou n'ont pas mis les conseils à profit.

84. Ce qui constitue le médium proprement dit, c'est la faculté; sous ce rapport, il peut être plus ou moins

formé, plus ou moins développé. Ce qui constitue le médium *sûr*, celui qu'on peut véritablement qualifier de *bon
médium*, c'est l'application de la faculté, l'aptitude à servir
d'interprète aux bons Esprits. Toute faculté à part, la
puissance du médium pour attirer les bons Esprits et repousser les mauvais, est en raison de sa supériorité morale; cette supériorité est proportionnée à la somme des
qualités qui fait l'homme de bien; par là il se concilie la
sympathie des bons, et il exerce de l'ascendant sur les
mauvais.

85. Par la même raison, la somme des imperfections
morales du médium le rapprochant de la nature des
mauvais Esprits, lui ôte l'influence nécessaire pour les
éloigner; *au lieu que ce soit lui qui s'impose à eux, ce sont
eux qui s'imposent à lui.* Ceci s'applique non-seulement
aux médiums, mais à toute personne quelconque, puisqu'il n'en est aucune qui ne reçoive l'influence des Esprits. (Voy. ci-dessus nᵒˢ 74 et 75.)

86. Pour s'imposer au médium, les mauvais Esprits
savent exploiter habilement tous les travers moraux;
celui qui leur donne le plus de prise, c'est *l'orgueil;* aussi
est-ce le sentiment qui domine chez le plus grand nombre
des médiums obsédés, mais surtout chez ceux qui sont
fascinés. C'est l'orgueil qui les porte à croire à leur infail-
libilité, et à repousser les avis. Ce sentiment est malheureusement excité par les éloges dont ils sont l'objet;
quand ils ont une faculté un peu transcendante, on les
recherche, on les adule; ils finissent par croire à leur
importance; ils se regardent comme indispensables, et
c'est ce qui les perd.

87. Tandis que le médium imparfait s'enorgueillit des
noms illustres, le plus souvent apocryphes, que portent
les communications qu'il reçoit, et se regarde comme
l'interprète privilégié des puissances célestes, le *bon mé-*

dium ne se croit jamais assez digne d'une telle faveur: il a toujours une salutaire défiance de ce qu'il obtient comme qualité, et ne s'en rapporte pas à son propre jugement; n'étant qu'un instrument passif, il comprend que **si** c'est bon il ne peut s'en faire un mérite personnel, pas **plus** qu'il n'en peut être responsable si c'est mauvais, et qu'il serait ridicule de prendre fait et cause pour l'identité absolue des Esprits qui se manifestent à lui; il laisse juger la question par des tiers désintéressés, sans que son amour-propre ait plus à souffrir d'un jugement défavorable que l'acteur n'est passible du blâme infligé à la pièce dont il est l'interprète. Son caractère distinctif est la simplicité et la modestie; il est heureux de la faculté qu'il possède, non pour en tirer vanité, mais parce qu'elle lui offre un moyen d'être utile, ce qu'il fait volontiers quand on lui en fournit l'occasion, mais sans jamais se formaliser si on ne le met pas au premier rang.

Les médiums sont les intermédiaires et les interprètes des Esprits; il importe donc à l'évocateur, et même au simple observateur de pouvoir apprécier le mérite de l'instrument.

88. La faculté médianimique est un don de Dieu comme toutes les autres facultés, que l'on peut employer pour le bien comme pour le mal et dont on peut abuser. Elle a pour objet de nous mettre en rapport direct avec les âmes de ceux qui ont vécu, afin de recevoir leurs enseignements et de nous initier à la vie future. Comme la vue nous met en rapport avec le monde visible, la médianimité nous met en rapport avec le monde invisible. Celui qui s'en sert dans un but utile, pour son propre avancement et celui de ses semblables, remplit une véritable mission dont il aura la récompense. Celui qui en abuse et l'emploie à des choses futiles ou dans des vues d'intérêt matériel, la détourne de son but providentiel; il

en subit tôt ou tard la peine, comme celui qui fait un mauvais usage d'une faculté quelconque.

CHARLATANISME.

89. Certaines manifestations spirites se prêtent assez facilement à l'imitation; mais de ce qu'elles ont pu être exploitées, comme tant d'autres phénomènes, par la jonglerie et la prestidigitation, il serait absurde d'en conclure qu'elles n'existent pas. Pour celui qui a étudié et qui connaît les conditions normales dans lesquelles elles peuvent se produire, il est aisé de distinguer l'imitation de la réalité; l'imitation, du reste, ne saurait jamais être complète et ne peut abuser que l'ignorant incapable de saisir les nuances caractéristiques du phénomène véritable.

90. Les manifestations qu'il est le plus facile d'imiter, sont certains effets physiques, et les effets intelligents vulgaires, tels que les mouvements, les coups frappés, les apports, l'écriture directe, les réponses banales, etc.; il n'en est pas de même des communications intelligentes d'une haute portée; pour imiter les premiers, il ne faut que de l'adresse; pour simuler les autres, il faudrait presque toujours une instruction peu commune, une supériorité intellectuelle hors ligne, et une faculté d'improvisation pour ainsi dire universelle.

91. Ceux qui ne connaissent pas le spiritisme sont généralement portés à suspecter la bonne foi des médiums; l'étude et l'expérience leur donnent les moyens de s'assurer de la réalité des faits; mais en dehors de cela, la meilleure garantie qu'ils puissent trouver est dans le désintéressement absolu et l'honorabilité du médium; il y a des personnes qui, par leur position et leur caractère, échappent à toute suspicion. Si l'appat

du gain peut exciter à la fraude, le bon sens dit que
là où il n'y a rien à gagner, le charlatanisme n'a rien
à faire. *Livr. des Médiums*, chap. XXVIII, Charlatanisme et jonglerie, médiums intéressés, fraudes spirites, n° 300. — *Revue spirite*, 1862, page 52).

92. Parmi les adeptes du spiritisme, on trouve des
enthousiastes et des exaltés comme en toutes choses;
ce sont en général les plus mauvais propagateurs,
parce qu'on se défie de leur facilité à tout accepter
sans un examen approfondi. Le spirite éclairé se défend de l'enthousiasme qui aveugle; il observe tout
froidement et avec calme : c'est le moyen de n'être
dupe ni des illusions, ni des mystificateurs. Toute
question de bonne foi à part, l'observateur novice
doit, avant tout, tenir compte de la gravité du caractère de ceux à qui il s'adresse.

IDENTITÉ DES ESPRITS.

93. Puisqu'on trouve parmi les Esprits tous les
travers de l'humanité, on y trouve aussi la ruse et le
mensonge; il en est qui ne se font aucun scrupule de
se parer des noms les plus respectables pour inspirer
plus de confiance. Il faut donc se garder de croire
d'une manière absolue à l'authenticité de toutes les
signatures.

94. L'identité est une des grandes difficultés du
spiritisme pratique; elle est souvent impossible à
constater, surtout quand il s'agit d'Esprits supérieurs
anciens par rapport à nous. Parmi ceux qui se manifestent, beaucoup n'ont pas de noms pour nous;
pour fixer nos idées, ils peuvent prendre celui d'un
Esprit connu appartenant à la même catégorie; de
telle sorte que si un Esprit se communique sous le
nom de saint Pierre, par exemple, rien ne prouve
que ce soit précisément l'apôtre de ce nom; ce peut

être lui, comme ce peut être un Esprit du même ordre, ou envoyé par lui.

La question d'identité est, dans ce cas, tout à fait secondaire, et il y aurait de la puérilité à y attacher de l'importance ; ce qui importe, c'est la nature de l'enseignement ; est-il bon ou mauvais, digne ou indigne du personnage dont il porte le nom ; celui-ci l'accepterait-il ou le désavouerait-il ? Là est toute la question ?

95. L'identité est plus facile à constater quand il s'agit d'Esprits contemporains dont on connaît le caractère et les habitudes, car c'est par ces mêmes habitudes et les particularités de la vie privée que l'identité se révèle le plus sûrement et souvent d'une manière incontestable. Quand on évoque un parent ou un ami, c'est la personnalité qui intéresse, et il est tout naturel de chercher à constater l'identité ; mais les moyens qu'emploient généralement pour cela ceux qui ne connaissent qu'imparfaitement le spiritisme sont insuffisants et peuvent induire en erreur.

96. L'Esprit révèle son identité par une foule de circonstances qui ressortent des communications où se reflètent ses habitudes, son caractère, son langage et jusqu'à ses locutions familières. Elle se révèle encore par les détails intimes dans lesquels il entre *spontanément* avec les personnes qu'il affectionne : ce sont les meilleures ; mais il est très rare qu'il satisfasse aux questions directes qui lui sont adressées à ce sujet, surtout si elles le sont par des personnes qui lui sont indifférentes, dans un but de curiosité et d'épreuve. L'Esprit prouve son identité comme il veut, ou comme il peut, selon le genre de faculté de son interprète, et souvent ces preuves sont surabondantes ; le tort est de vouloir qu'il les donne à la manière de l'évocateur ; c'est alors qu'il se refuse de se soumettre à ses exigences. (*Liv. des Médiums,*

chap. **XXIV** : *Identité des Esprits. — Revue spirite,* 1862, page 82 : *Fait d'identité*).

CONTRADICTIONS.

97. Les contradictions que l'on remarque assez fréquemment dans le langage des Esprits ne peuvent étonner que ceux qui n'ont de la science spirite qu'une connaissance incomplète. Elles sont la conséquence de la nature même des Esprits qui, ainsi que cela a été dit, ne savent les choses qu'en raison de leur avancement et dont quelques-uns peuvent savoir moins que certains hommes. Sur une foule de points, ils ne peuvent émettre que leur opinion personnelle qui peut être plus ou moins juste, et conserver le reflet des préjugés terrestres dont ils ne sont pas dépouillés; d'autres se font des systèmes à eux sur ce qu'ils ne savent pas encore, particulièrement en ce qui touche les questions scientifiques et l'origine des choses. Il n'y a donc rien de surprenant à ce qu'ils ne soient pas toujours d'accord.

98. On s'étonne de trouver des communications contradictoires signées du même nom. Les Esprits inférieurs peuvent seuls tenir, selon les circonstances, un langage différent, mais les Esprits supérieurs ne se contredisent jamais. Quiconque est tant soit peu initié aux mystères du monde spirituel, sait avec quelle facilité certains Esprits se parent de noms d'emprunt pour donner plus de crédit à leurs paroles; on peut en induire avec certitude que si deux communications, radicalement contradictoires *pour le fond de la pensée*, portent le même nom respectable, l'une des deux est nécessairement apocryphe.

99. Deux moyens peuvent servir à fixer les idées sur les questions douteuses : le premier est de soumettre toutes les communications au contrôle sévère de la raison, du bon sens et de la logique; c'est une recommandation que font tous les bons Esprits, et que se gardent bien de faire les Esprits trompeurs qui savent très bien ne pouvoir que perdre à un examen sérieux; c'est pourquoi ils évitent la discussion et veulent être crus sur parole.

Le second critérium de la vérité est dans la concordance de l'enseignement. Lorsque le même principe est enseigné sur plusieurs points par différents Esprits et des médiums étrangers les uns aux autres, qui ne sont pas sous les mêmes influences, on peut en conclure qu'il est plus dans le vrai que celui qui émane d'une seule source et se trouve contredit par la majorité. (*Liv. des Médiums*, chap. xxvII : *Des contradictions et des mystifications. — Revue spirite*, avril 1864, p. 99 : *Autorité de la doctrine spirite. — La morale de l'Evangile selon le spiritisme*, Introduction page vi).

CONSÉQUENCES DU SPIRITISME.

100. En présence de l'incertitude des révélations faites par les Esprits, on se demande à quoi peut servir l'étude du spiritisme?

Elle sert à prouver matériellement l'existence du monde spirituel.

Le monde spirituel étant formé des âmes de ceux qui ont vécu, il en résulte la preuve de l'existence de l'âme et de sa survivance au corps.

Les âmes qui se manifestent révèlent leurs joies ou leurs souffrances selon la manière dont elles ont employées la vie terrestre; il en résulte la preuve des peines et des récompenses futures.

Les âmes ou Esprits, en décrivant leur état et leur situation, rectifient les idées fausses que l'on s'était faites sur la vie à venir, et principalement sur la nature et la durée des peines.

La vie future étant ainsi passée de l'état de théorie vague et incertaine à l'état de fait acquis et positif, il en résulte la nécessité de travailler le plus possible, pendant la vie présente qui est de courte durée, au profit de la vie à venir qui est indéfinie.

Supposons qu'un homme de vingt ans ait la certitude de mourir à vingt-cinq, que fera-t-il pendant ces cinq années? travaillera-t-il pour l'avenir? assurément non; il tâchera de jouir le plus possible : il regarderait comme une duperie de s'imposer de la fatigue et des privations sans but. Mais s'il a la certitude de vivre jusqu'à quatre-vingt ans, il agira tout autrement, parce qu'il comprendra la nécessité de sacrifier quelques instants du repos présent pour s'assurer le repos à venir pendant de longues années. Il en est de même de celui pour qui la vie future est une certitude.

Le doute touchant la vie future conduit naturellement à tout sacrifier aux jouissances du présent; de là l'importance excessive attachée aux biens matériels.

L'importance attachée aux biens matériels excite la convoitise, l'envie, la jalousie de celui qui a peu contre celui qui a beaucoup. De la convoitise au désir de se procurer à tout prix ce que possède son voisin, il n'y a qu'un pas; de là, les haines, les querelles, les procès, les guerres et tous les maux engendrés par l'égoïsme.

Avec le doute sur l'avenir, l'homme, accablé dans cette vie par le chagrin et l'infortune, ne voit que dans la mort le terme de ses souffrances; n'espérant plus rien, il trouve rationnel de les abréger par le suicide.

Sans espoir de l'avenir, il est tout naturel que l'homme s'affecte, se désespère des déceptions qu'il éprouve. Les secousses violentes qu'il en ressent produisent dans son cerveau un ébranlement, cause de la plupart des cas de folie.

Sans la vie future, la vie présente est pour l'homme la chose capitale, l'unique objet de ses préoccupations; il y rapporte tout : c'est pourquoi il veut à tout prix jouir, non seulement des biens matériels, mais des honneurs; il aspire à briller, à s'élever au-dessus des autres, à éclipser ses voisins par son faste et par son rang; de là, l'ambition désordonnée et l'importance qu'il attache aux titres et à tous les hochets de la vanité, pour lesquels il sacrifierait jusqu'à son honneur même, parce qu'il ne voit rien au-delà.

La certitude de la vie future et de ses conséquences change totalement l'ordre des idées et fait voir les choses sous un tout autre jour; c'est un voile levé qui découvre un horizon immense et splendide. Devant l'infini et le grandiose de la vie d'outre-tombe, la vie terrestre s'efface comme la seconde devant les siècles, comme le grain de sable devant la montagne. Tout y devient petit, mesquin, et l'on s'étonne soi-même de l'importance qu'on attachait à des choses si éphémères et si puériles. De là, dans les événements de la vie, un calme, une tranquillité, qui est déjà du bonheur en comparaison des tracas, des tourments que l'on se donne, du mauvais sang que l'on se fait pour s'élever au dessus des autres; de là aussi, pour les vicissitudes et les déceptions, une indifférence même qui, ôtant toute prise au désespoir, écarte les cas les plus nombreux de folie, et détourne de la pensée du suicide. Avec la certitude de l'avenir, l'homme attend et se résigne; avec le doute, il perd patience parce qu'il n'attend rien du présent.

L'exemple de ceux qui ont vécu prouvant que la somme du bonheur à venir est en raison du progrès moral accompli et du bien que l'on a fait sur la terre;

que la somme du malheur est en raison de la somme des vices et des mauvaises actions, il en résulte chez tous ceux qui sont bien convaincus de cette vérité, une tendance toute naturelle à faire le bien et à éviter le mal.

Quand la majorité des hommes sera imbue de cette idée, qu'elle professera ces principes et pratiquera le bien, il en résultera que le bien l'emportera sur le mal ici-bas; que les hommes ne chercheront plus à se nuire mutuellement; qu'ils régleront leurs institutions sociales en vue du bien de tous et non au profit de quelques-uns; en un mot, ils comprendront que la loi de charité enseignée par le Christ est la source du bonheur, même en ce monde, et ils baseront les lois civiles sur la loi de charité.

La constatation du monde spirituel qui nous entoure et de son action sur le monde corporel, est la révélation d'une des puissances de la nature, et par conséquant la clef d'une foule de phénomènes incompris, dans l'ordre physique aussi bien que dans l'ordre moral.

Quand la science tiendra compte de cette nouvelle force, méconnue par elle jusqu'à ce jour, elle rectifiera une foule d'erreurs provenant de ce qu'elle attribue tout à une cause unique : la matière. La reconnaissance de cette nouvelle cause dans les phénomènes de la nature, sera un levier pour le progrès, et produira l'effet de la découverte de tout nouvel agent. Avec l'aide de la loi spirite, l'horizon de la science s'élargira, comme il s'est élargi à l'aide de la loi de gravitation.

Quand les savants, du haut de la chaire enseignante, proclameront l'existence du monde spirituel et son action dans les phénomènes de la vie, ils infiltreront dans la jeunesse le contre-poison des idées matérialistes, au lieu de la prédisposer à la négation de l'avenir.

Dans les leçons de philosophie classique, les pro-
esseurs enseignent l'existence de l'âme et ses attributs selon les différentes écoles, mais sans preuves
matérielles. N'est-il pas étrange qu'alors que ces
preuvent arrivent, elles soient repoussées et traitées
de superstitions par ces mêmes professeurs? N'est-
ce pas dire à leurs élèves : nous vous 'enseignons
l'existence de l'âme, mais rien ne la prouve? Lorsqu'un savant émet une hypothèse sur un point de la
science, il recherche avec empressement, il accueille
avec joie, les faits qui peuvent, de cette hypothèse,
faire une vérité; comment un professeur de philosophie, dont le devoir est de prouver à ses élèves qu'ils
ont une âme, traite-t-il avec dédain les moyens de
leur en donner une démonstration patente?

101. Supposons donc que les Esprits soient incapables de rien nous apprendre que nous ne sachions
déjà, ou que nous ne puissions savoir par nous-mêmes, on voit que la seule constatation de l'existence
du monde spirituel conduit forcément à une révolution dans les idées; or une révolution dans les idées
amène forcément une révolution dans l'ordre des
choses; c'est cette révolution que prépare le spiritisme.

102. Mais les Esprits font plus que cela; si leurs
révélations sont entourées de certaines difficultés;
si elles exigent de minutieuses précautions pour en
constater l'exactitude, il n'en est pas moins vrai que
les Esprits éclairés, quand on sait les interroger, et
quand cela leur est permis, peuvent nous révéler des
faits ignorés, nous donner l'explication de choses in-
comprises, et nous mettre sur la voie d'un progrès
plus rapide. C'est en cela, surtout, que l'étude complète et attentive de la science spirite est indispensable, afin de ne lui demander que ce qu'elle peut
donner, et de la manière dont elle peut le donner; c'est

en dépassant les limites qu'on s'expose à être trompé.

103. Les plus petites causes peuvent produire les plus grands effets; c'est ainsi que d'un petit grain peut sortir un arbre immense; que la chute d'une pomme a fait découvrir la loi qui régit les mondes; que des grenouilles sautant dans un plat ont révélé la puissance galvanique; c'est de même ainsi que du vulgaire phénomène des tables tournantes est sortie la preuve du monde invisible, et de cette preuve une doctrine qui, en quelques années, a fait le tour du monde, et peut le régénérer par la seule constatation de la réalité de la vie future.

104. Le spiritisme enseigne peu ou point de vérités absolument nouvelles, en vertu de l'axiome qu'il n'y a rien de nouveau sous le soleil. Il n'y a de vérités absolues que celles qui sont éternelles; celles qu'enseigne le spiritisme, étant fondées sur les lois de la nature, ont donc dû exister de tous temps; c'est pourquoi de tous temps on en trouve les germes qu'une étude plus complète et des observations plus attentives ont développés. Les vérités enseignées par le spiritisme sont donc plutôt des conséquences que des découvertes.

Le spiritisme n'a ni découvert, ni inventé les Esprits; il n'a pas davantage decouvert le monde spirituel auquel on a cru dans tous les temps; seulement, il le prouve par des faits matériels et le montre sous son véritable jour en le dégageant des préjugés et des idées superstitieuses, qui engendrent le doute et l'incrédulité.

Remarque. Ces explications, tout incomplètes qu'elles sont, suffisent pour montrer la base sur laquelle repose le spiritisme, le caractère des manifestations et le degré de confiance qu'elles peuvent inspirer selon les circonstances.

CHAPITRE III

SOLUTION DE QUELQUES PROBLÈMES
PAR LA DOCTRINE SPIRITE

PLURALITÉ DES MONDES

105. *Les différents mondes qui circulent dans l'espace sont-ils peuplés d'habitants comme la terre?*

Tous les Esprits l'affirment, et la raison dit qu'il doit en être ainsi. La terre n'occupant dans l'univers aucun rang spécial, ni par sa position, ni par son volume, rien ne pourrait justifier le privilège exclusif d'être habitée. D'un autre côté, Dieu ne peut avoir créé ces milliards de globes pour le seul plaisir de nos yeux; d'autant moins que le plus grand nombre échappe à notre vue. (*Liv. des Esprits*, n° 55. — *Revue spirite*, 1858, page 65 : *Pluralité des mondes*, par Flammarion.)

106. *Si les mondes sont peuplés, peuvent-ils l'être d'habitants en tout semblables à ceux de la terre? En un mot, ces habitants pourraient-ils vivre chez nous et nous chez eux?*

La forme générale pourrait être à peu près la même, mais l'organisme doit être adapté au milieu dans lequel ils doivent vivre, comme les poissons sont faits pour vivre dans l'eau et les oiseaux dans l'air. Si le milieu est différent, comme tout porte à le croire, et comme semblent le démontrer les observations astronomiques, l'organisation doit être différente ; il n'est donc pas probable que, dans leur état normal, ils pussent vivre les uns chez les autres avec les mêmes corps. C'est ce que confirment tous les Esprits.

107. *En admettant que ces mondes soient peuplés, sont-ils, sous le rapport intellectuel et moral, au même rang que la terre?*

Selon l'enseignement des Esprits, les mondes sont à des degrés d'avancement très différents ; quelques-uns sont au même point que la terre ; d'autres sont plus arriérés : les hommes y sont encore plus bruts, plus matériels et plus enclins au mal. Il en est, au contraire, qui sont plus avancés moralement, intellectuellement, et physiquement, où le mal moral est inconnu, où les arts et les sciences sont portés à un degré de perfection que nous ne pouvons comprendre, où l'organisation physique, moins matérielle, n'est sujette ni aux souffrances, ni aux maladies, ni aux infirmités ; les hommes y vivent en paix, sans chercher à se nuire, exempts des chagrins, des soucis, des afflictions et des besoins qui les assiègent sur la terre. Il en est enfin de plus avancés encore, où l'enveloppe corporelle, presque fluidique, se rapproche de plus en plus de la nature des anges. Dans la série progressives des mondes, la terre n'est ni au premier, ni au dernier rang, mais elle est un des plus matériels et des plus arriérés (*Revue spirite*, 1858, pp. 67, 108, 223. — *Id.*, 1860, pp. 318 et 320. — *La morale de l'Evangile selon le spiritisme*, chap. III

DE L'AME

108. *Où est le siège de l'âme?*

L'âme n'est point, ainsi qu'on le croit généralement, localisée dans une partie du corps ; elle forme avec le périsprit un tout fluidique, pénétrable, s'assimilant au corps entier avec lequel elle constitue un être complexe dont la mort n'est en quelque sorte que le *dédoublement*. On peut se figurer deux corps semblables, pénétrés l'un par l'autre, confondus pendant la vie et séparés après la mort. A la mort, l'un est détruit et l'autre reste.

Pendant la vie, l'âme agit plus spécialement sur les organes de la pensée et du sentiment. Elle est à la fois interne et externe; c'est-à-dire qu'elle rayonne au dehors; elle peut même s'isoler du corps, se transporter au loin et y manifester sa présence, ainsi que le prouvent l'observation et les phénomènes somnambuliques.

109. *L'âme est-elle créée en même temps que le corps, ou antérieurement au corps?*

Après l'existence de l'âme, cette question est une des plus capitales, car de sa solution découlent les conséquences les plus importantes; elle est la seule clef possible d'une foule de problèmes insolubles jusqu'à ce jour, faute de l'avoir posée.

De deux choses l'une, ou l'âme existait ou elle n'existait pas avant la formation du corps : il ne saurait y voir de moyen terme. Avec la préexistence de l'âme, tout s'explique logiquement et naturellement; sans la préexistence, il est même impossible de justifier certains dogmes de l'Eglise, et c'est l'impossibilité de cette justification qui conduit tant de gens qui raisonnent à l'incrédulité.

Les Esprits ont résolu la question affirmativement, et les faits, aussi bien que la logique, ne peuvent laisser de doute à cet égard. Qu'on n'admette cependant la préexistence de l'âme qu'à titre de simple hypothèse, si l'on veut, et l'on verra s'aplanir la plupart des difficultés.

110. *Si l'âme est antérieure, avant son union avec le corps avait-elle son individualité et la conscience d'elle-même?*

Sans individualité et sans conscience d'elle-même, les résultats seraient les mêmes que si elle n'existait pas.

111. *Avant son union avec le corps, l'âme a-t-elle accompli un prorgès quelconque, ou bien est-elle restée stationnaire.*

Le progrès antérieur de l'âme est à la fois la conséquence de l'observation des faits et de l'enseignement des Esprits.

112. *Dieu a-t-il crée les âmes égales, moralement et intellectuellement, ou bien en a-t-il fait de plus parfaites, de plus intelligentes les unes que les autres?*

Si Dieu avait fait des âmes plus parfaites les unes que les autres, cette préférence ne serait pas conciliable avec sa justice. Toutes étant ses créatures, pourquoi aurait-il affranchi les unes du travail qu'il impose à d'autres pour arriver au bonheur étrenel? L'inégalité des âmes à leur origine serait la négation de la justice de Dieu.

113. *Si les âmes sont créées égales, comment expliquer la diversité des aptitudes et des prédispositions naturelles qui existe entre les hommes sur la terre?*

Cette diversité est la conséquence du progrès que l'âme a accompli avant son union avec le corps. Les âmes les plus avancées en intelligence et en moralité sont celles qui ont le plus vécu et le plus progressé avant leur incarnation.

114. *Quel est l'état de l'âme à son origine?*

Les âmes sont créées simples et ignorantes, c'est-à-dire sans science et sans connaissance du bien et du mal, mais avec une égale aptitude pour tout. Dans le principe, elles sont dans une sorte d'enfance, sans volonté propre, et sans conscience parfaite de leur existence. Peu à peu le libre arbitre se développe en même temps que les idées (*Liv. des Esprits*, n⁰ˢ 114 et suiv.)

115. *L'âme a-t-elle accompli son progrès antérieur à l'état d'âme proprement dite, ou dans une précédente existence corporelle?*

Outre l'enseignement des Esprits sur ce point, l'étude des différents degrés d'avancement de l'homme sur la terre, prouve que le progrès antérieur de l'âme a dû s'accomplir dans une série d'existences corporelles plus ou moins nombreuses, selon le degré auquel elle est arrivé; la preuve résulte de l'observation des faits que nous avons journellement sous les yeux. (*Liv. des Esprits*, n⁰ˢ 166 à 222. — *Revue spirite*, avril 1862, pages 97-106).

L'HOMME PENDANT LA VIE TERRESTRE.

116. *Comment et à quel moment s'opère l'union de l'âme et du corps?*

Dès la conception, l'Esprit, quoique errant, tient par un lien fluidique au corps auquel il doit s'unir. Ce lien se resserre de plus en plus à mesure que le corps se développe. Dès ce moment, l'Esprit est saisi d'un trouble qui va sans cesse croissant; aux approches de la naissance, le trouble est complet, l'Esprit perd la conscience de lui-même et ne recouvre ses idées que graduellement à partir du moment où l'enfant respire; c'est alors que l'union est complète et définitive.

117. *Quel est l'état intellectuel de l'âme de l'enfant au moment de sa naissance?*

Son état intellectuel et moral est ce qu'il était avant son union avec le corps, c'est-à-dire que l'âme possède toutes les idées acquises antérieurement: mais en raison du trouble qui accompagne son changement, ses idées sont momentanément à l'état latent. Elles s'éclaircissent peu à peu, mais ne peuvent se manifester que proportionnellement au développement des organes.

118. *Quelle est l'origine des idées innées, des dispositions précoces, des aptitudes instinctives pour un art ou une science, abstraction faite de toute instruction?*

Les idées innées ne peuvent avoir que deux sources : la création d'âmes plus parfaites les unes que les autres, dans le cas où elles seraient créées en même temps que le corps, ou un progrès antérieur accompli avant l'union de l'âme et du corps. La première hypothèse étant incompatible avec la justice de Dieu, il ne reste que la seconde. Les idées innées sont le résultat des connaissances acquises dans les existences antérieures et qui sont restées à l'état d'intuition, pour servir de base à l'acquisition de nouvelles idées.

119. *Comment des génies se révèlent-ils dans les classes de la société privées de toute culture intellectuelle?*

Ce fait prouve que les idées innées sont indépendantes du milieu où l'homme est élevé. Le milieu et l'éducation développent les idées innées, *mais ne les donnent pas.* L'homme de génie est l'incarnation d'un Esprit déjà avancé et qui avait beaucoup progressé ; c'est pourquoi l'éducation peut donner l'instruction qui manque, mais ne peut donner le génie quand il n'existe pas.

120. *Pourquoi y a-t-il des enfants instinctivement bons dans un milieu pervers, et malgré les mauvais exemples, tandis que d'autres sont instinctivement vicieux dans un bon milieu, et malgré les bons conseils?*

C'est le résultat du progrès moral accompli, comme les idées innées sont le résultat du progrès intellectuel.

121. *Pourquoi de deux enfants du même père, élevés dans les mêmes conditions, l'un est-il intelligent et l'autre stupide, l'un bon et l'autre mauvais? Pourquoi le fils d'un homme de génie est-il quelquefois un sot, et celui d'un sot un homme de génie?*

Ce fait vient à l'appui de l'origine des idées innées; il prouve en outre que l'âme de l'enfant ne procède nullement de celle des parents; autrement, en vertu de l'axiome que la partie est de la même nature que le tout, les parents transmettraient à leurs enfants leurs qualités et leurs défauts, comme ils leur transmettent le principe des qualités corporelles. Dans la génération, le corps seul procède du corps, mais les âmes sont indépendantes les unes des autres.

122. *Si les âmes sont indépendantes les unes des autres, d'où vient l'amour des parents pour leurs enfants, et réciproquement?*

Les Esprits s'unissent par sympathie, et la naissance dans telle ou telle famille n'est point l'effet du hasard, mais dépend le plus souvent du choix de l'Esprit qui se réunit à ceux qu'il a aimés dans le monde des Esprits ou dans les existences antérieures. D'un autre côté, les parents ont pour mission d'aider au progrès des Esprits qui s'incarnent dans leurs enfants; et, pour les y exciter, Dieu leur inspire une affection mutuelle, mais beaucoup faillissent à leur mission, et en sont punis. (*Liv. des Esprits*, n° 379, *de l'Enfance.*)

123. *Pouquoi ý a-t-il de mauvais pères et de mauvais fils?*

Ce sont des Esprits qui ne sont point unis à une famille par sympathie, mais pour se servir mutuellement d'épreuve, et souvent par punition de ce qu'ils ont été dans une précédente existence; à l'un, il est donné un mauvais fils, parce que lui-même a peut-être été mauvais fils ; à l'autre, un mauvais père, parce qu'il aura été mauvais père, afin qu'ils subissent la peine du talion (*Revue spirite*, 1861, p. 270 : *la Peine du talion.*)

124. *Pourquoi trouve-t-on chez certaines personnes, nées dans une condition servile, des instincts de dignité et de grandeur, tandis que d'autres, nées dans les classes supérieures, ont des instincts de bassesse?*

C'est un souvenir intuitif de la position sociale que l'on avait occupée, et du caractère que l'on avait dans l'existence précédente.

125. *Quelle est la cause des sympathies et des antipathies entre personnes qui se voient pour la première fois?*

Ce sont le plus souvent des personnes qui se sont connues, et quelquefois aimées, dans une existence précédente, et qui, se retrouvant, sont attirées l'une vers l'autre.

Les antipathies instinctives proviennent souvent aussi de relations antérieures.

Ces deux sentiments peuvent encore avoir une autre cause. Le périspit rayonne autour du corps comme une sorte d'atmosphère imprégnée des qualités bonnes ou mauvaises de l'Esprit incarné. Deux personnes qui se rencontrent éprouvent, par le contact des fluides, l'impression de la sensitive ; cette impression est agréable ou désagréable ; les fluides tendent à se confondre ou à se repousser, selon leur nature semblable ou dissemblable.

C'est ainsi que l'on peut expliquer le phénomène de la transmission de la pensée. Par le contact des fluides, deux âmes lisent en quelque sorte l'une dans l'autre ; elles se devinent et se comprennent sans se parler.

126. *Pourquoi l'homme n'a-t-il pas le souvenir de*

ses existences antérieures? Ce souvenir ne serait-il pas nécessaire pour son progrès futur?

(Voir ci-dessus, page 70).

127. *Quelle est l'origine du sentiment appelé la conscience?*

C'est un souvenir intuitif du progrès accompli dans les précédentes existences, et des résolutions prises par l'Esprit avant l'incarnation, résolutions qu'il n'a pas toujours la force de tenir comme homme.

128. *L'homme a-t-il son libre arbitre, ou bien est-il soumis à la fatalité?*

Si la conduite de l'homme était soumise à la fatalité, il n'y aurait pour lui ni responsabilité du mal, ni mérite du bien; dès lors toute punition serait injuste et toute récompense un non-sens. Le libre arbitre de l'homme est une conséquence de la justice de Dieu, c'est l'attribut qui lui donne sa dignité et l'élève au-dessus de toutes les autres créatures. Cela est tellement vrai que l'estime des hommes les uns pour les autres est en raison du libre arbitre; celui qui le perd accidentellement, par maladie, folie, ivresse ou idiotisme, est plaint ou méprisé.

Le matérialiste, qui fait dépendre toutes les facultés morales et intellectuelles de l'organisme, réduit l'homme à l'état de machine, sans libre arbitre, par conséquent sans responsabilité du mal et sans mérite du bien qu'il fait (*Revue spirite*, 1861, p. 76 : *La tête de Garibaldi. Id.*, 1862, p. 97 : *Phrénologie spiritualiste.*)

129. *Dieu a-t-il créé le mal?*

Dieu n'a point créé le mal; il a établi des lois, et ces lois sont toujours bonnes, parce qu'il est souverainement bon; celui qui les observerait fidèlement serait parfaitement heureux; mais les Esprits, ayant leur libre arbitre, ne les ont pas toujours observées.

et le mal est résulté pour eux de leur infraction à ces lois.

130. *L'homme est-il né bon ou mauvais?*

Il faut distinguer l'âme et l'homme. L'âme est créée simple et ignorante, c'est-à-dire ni bonne ni mauvaise, mais susceptible, en vertu de son libre arbitre, de prendre la route du bien ou celle du mal, autrement dit d'observer ou d'enfreindre les lois de Dieu. L'homme naît bon ou mauvais selon qu'il est l'incarnation d'un Esprit avancé ou arriéré.

131. *Quelle est l'origine du bien et du mal sur la terre, et pourquoi y a-t-il plus de mal que de bien?*

L'origine du mal sur la terre vient de l'imperfection des Esprits qui y sont incarnés; et la prédominance du mal vient de ce que, la terre étant un monde inférieur, la majorité des Esprits qui l'habitent sont eux-mêmes inférieurs ou qu'ils ont peu progressé. Dans les mondes plus avancés, où ne sont admis à s'incarner que des Esprits épurés, le mal y est ou inconnu, ou en minorité.

132. *Quelle est la cause des maux qui affligent l'humanité?*

La terre peut être considérée à la fois comme un monde d'éducation pour des Esprits peu avancés, et d'expiation pour des Esprits coupables. Les maux de l'humanité sont la conséquence de l'infériorité morale de la majorité des Esprits incarnés. Par le contact de leurs vices, ils se rendent réciproquement malheureux et se punissent les uns par les autres.

133. *Pourquoi le méchant prospère-t-il souvent, tandis que l'homme de bien est en butte à toutes les afflictions?*

Pour celui qui ne voit que la vie présente, et qui la croit unique, cela doit paraître une souveraine injustice. Il n'en est plus de même quand on considère la pluralité des existences et la brièveté de chacune par rapport à l'éternité. L'étude du spiritisme prouve que la prospérité du méchant a de terribles détours dans les existences suivantes; que les afflictions de l'homme de bien sont au contraire suivies d'une félicité d'autant plus grande et durable, qu'il les a supportées avec plus de résignation; c'est pour lui comme un jour malheureux dans toute une existence de prospérité.

134. *Pourquoi les uns naissent-ils dans l'indigence, et d'autres dans l'opulence? Pourquoi y a-t-il des gens qui naissent aveugles, sourds, muets ou affectés d'infirmités incurables, tandis que d'autres ont tous les avantages physiques? Est-ce l'effet du hasard ou de la Providence?*

Si c'est l'effet du hasard, il n'y a pas de Providence; si c'est l'effet de la Providence, on se demande où est sa bonté et sa justice? Or, c'est faute de comprendre la cause de ces maux que tant de gens sont portés à l'accuser. On comprend que celui qui devient misérable ou infirme par ses imprudences ou ses excès soit puni par où il a péché; mais si *l'âme est créée en même temps que le corps,* qu'a-t-elle fait pour mériter de pareilles afflictions *dès sa naissance* ou pour en être exemptée? Si l'on admet la justice de Dieu, on doit admettre que cet effet a une cause; si cette cause n'est pas pendant la vie, elle doit être avant la vie; car en toutes choses *la cause doit précéder l'effet;* pour cela il faut donc que l'âme ait vécu et qu'elle ait mérité une expiation. Les études spirites nous montrent, en effet, que plus d'un homme né dans la misère a été riche et considéré dans une existence antérieure, mais qu'il a fait un mauvais usage de la fortune que Dieu lui avait donné à gérer; que plus d'un qui est né dans l'abjection a été orgueilleux et puissant; elle nous le montre parfois soumis aux ordres de celui même auquel il avait commandé avec dureté en butte aux mauvais traitements et à l'humiliation qu'il avait fait subir aux autres.

Une vie pénible n'est pas toujours une expiation; c'est souvent une épreuve choisie par l'Esprit, qui voit un moyen d'avancer plus rapidement s'il la supporte avec courage. La richesse est aussi une épreuve, mais plus dangereuse encore que la misère, par les tentations qu'elle donne et les abus auxquels elle provoque; aussi, l'exemple de ceux qui ont vécu prouve que c'est une de celles d'où l'on sort le moins souvent victorieux.

La différence des positions sociales serait la plus grande des injustices. quand elle n'est pas le fait de la conduite actuelle, si elle ne devait pas avoir une compensation. C'est la conviction que l'on acquiert de cette vérité par le spiritisme, qui donne la force de supporter les vicissitudes de la vie et fait accepter son sort sans envier celui des autres.

135. *Pourquoi y a-t-il des idiots et des crétins?*

La position des idiots et des crétins serait la moins conciliable avec la justice de Dieu, dans l'hypothèse de l'unité d'existence. Quelque misérable que soit la condition dans laquelle un homme est né, il peut s'en tirer par l'intelligence et le travail; mais l'idiot et le crétin sont voués depuis la naissance jusqu'à la mort à l'abrutissement et au mépris; il n'y a pour eux aucune compensation possible. Pourquoi donc leur âme aurait-elle été créée idiote?

Les études spirites, faites sur les crétins et les idiots, prouvent que leur âme est tout aussi intelligente que celle des autres hommes; que cette infirmité est une expiation infligée à des Esprits pour avoir abusé de leur intelligence, et qui souffrent cruellement de se sentir emprisonnés dans des liens qu'ils ne peuvent briser, et du mépris dont ils se voient l'objet, alors qu'ils ont peut-être été encensés dans leur précédente existence. (*Revue spirite*, 1860, page 173 : *L'Esprit d'un idiot.* — *Id.*, 1861, p. 311 : *Les crétins.*)

136. *Quel est l'état de l'âme pendant le sommeil?*

Pendant le sommeil, le corps seul se repose, mais l'Esprit ne dort pas. Les observations pratiques prouvent qu'à cet instant l'Esprit jouit de toute sa liberté et de la plénitude de ses facultés; il profite du repos du corps et des moments où sa présence n'y est pas nécessaire pour agir séparément et aller où il veut. Pendant la vie, à quelque distance qu'il se transporte, l'Esprit tient toujours au corps par un lien fluidique qui sert à l'y rappeler dès que sa présence est nécessaire; ce lien n'est rompu qu'à la mort.

137. *Quelle est la cause des rêves?*

Les rêves sont le résultat de la liberté de l'Esprit pendant le sommeil; c'est quelquefois le souvenir des lieux et des personnes que l'Esprit a vus ou visités dans cet état. (*Liv. des Esprits: Emancipation de l'âme, sommeil, rêves, somnambulisme, seconde vue, léthargie,* etc., nᵒˢ 400 et suiv. — *Liv. des Médiums : Evocation des personnes vivantes,* nᵒ 284. — *Revue spirite,* 1860, page II : *L'Esprit d'un côté et le corps de l'autre.* — *Id.,* 1860, page 81 : *Etude sur l'Esprit des personnes vivantes.*)

138. *D'où viennent les pressentiments?*

Ce sont des souvenirs vagues et intuitifs de ce que l'Esprit a appris dans ses moments de liberté, et quelquefois des avertissements occultes donnés par des Esprits bienveillants.

139. *Pourquoi y a-t-il sur la terre des sauvages et des hommes civilisés?*

Sans la préexistence de l'âme, cette question est insoluble, à moins d'admettre que Dieu a créé des âmes sauvages et des âmes civilisées, ce qui serait la négation de sa justice. D'un autre côté, la raison refuse d'admettre qu'après la mort l'âme du sauvage reste perpétuellement dans un état d'infériorité, ni qu'elle soit au même rang que celle de l'homme éclairé.

En admettant, **pour** les âmes, un même **point** de départ, seule doctri**ne** **c**ompatible avec la justice de Dieu, la présence simultanée de la sauvagerie et de la civilisation sur la terre est un fait matériel qui prouve le progrès que les uns ont accompli, et que les autres peuvent accomplir. L'âme du sauvage atteindra donc, avec le temps le degré de l'âme civilisée ; mais, comme il meurt tous les jours des sauvages, leur âme ne peut atteindre ce degré que dans des incarnations successives de plus en plus perfectionnées, et appropriées à leur avancement, et en suivant tous les degrés intermédiaires entre les deux points extrêmes.

140. *Ne pourrait-on admettre, selon l'idée de quelques personnes, que l'âme ne s'incarne qu'une fois et qu'elle accomplît son progrès à l'état d'Esprit ou dans d'autres sphères ?*

Cette proposition serait admissible s'il n'y avait sur la terre que des hommes au même dégré moral et intellectuel, auquel cas on pourrait dire que la terre est affectée à un degré terminé ; or, on a devant soi la preuve du contraire. On ne comprendrait pas, en effet, que le sauvage ne pût atteindre la civilisation ici-bas, puisqu'il y a des âmes plus avancées incarnées sur le même globe ; d'où il faut conclure que la possibilité de la pluralité des existences terrestres résulte des exemples mêmes qu'on a sous les yeux. S'il en était autrement, il faudrait expliquer 1° pourquoi la terre aurait seule le monopole des incarnations? 2° pourquoi, ayant ce monopole, il s'y trouve des âmes incarnées à tous les degrés?

141. *Pourquoi trouve-t-on, au milieu des sociétés civilisées, des êtres d'une férocité pareille à celle des sauvages les plus barbares?*

Ce sont des Esprits très inférieurs, sortis des races barbares, et qui ont essayé de se réincarner dans un milieu qui n'est pas le leur, et où ils se trouvent déplacés, comme si un rustre se trouvait tout à coup transporté dans le grand monde.

Remarque. On ne pourrait admettre, sans dénier à Dieu toute justice et toute bonté, que l'âme du criminel endurci ait, dans la vie actuelle, le même point de départ que celle d'un homme rempli de toutes les vertus. Si l'âme n'est point antérieure au corps, celle du criminel et celle de l'homme de bien sont tout aussi neuves l'une que l'autre; pourquoi l'une serait-elle bonne et l'autre mauvaise?

142. *D'où vient le caractère distinctif des peuples?*

Ce sont des Esprits ayant à peu près les mêmes goûts et les mêmes penchants qui s'incarnent dans un milieu sympathique, et souvent dans le même milieu, où ils trouvent à satisfaire leurs inclinations.

143. *Comment progressent et comment dégénèrent les peuples?*

Si l'âme est créée en même temps que le corps, celles des hommes d'aujourd'hui sont tout aussi neuves, tout aussi primitives que celles des hommes du moyen âge, et dès lors on se demande pourquoi elles ont des mœurs plus douces et une intelligence plus développée. Si, à la mort du corps, l'âme quitte définitivement la terre, on se demande encore quel serait le fruit du travail que l'on fait pour améliorer un peuple si c'était à recommencer avec toutes les âmes nouvelles qui arrivent tous les jours.

Les Esprits s'incarnent dans un milieu sympathique et en rapport avec le degré de leur avancement. Un Chinois, par exemple, qui a suffisamment progressé, et ne trouve plus dans sa race un milieu correspondant au degré qu'il a atteint, s'incarnera chez un peuple plus avancé. A mesure qu'une génération fait un pas en avant, elle attire par sympathie de nouveaux arrivants plus avancés et qui sont peut-être ceux qui avaient jadis vécu dans le même pays, s'ils ont progressé, c'est ainsi que, de proche en proche, une nation avance. Si la majorité des nouveaux était d'une nature inférieure, les anciens s'en allant chaque jour et ne revenant pas dans un milieu plus mauvais, le peuple dégénérerait et finirait par s'éteindre.

Remarque. Ces questions en soulèvent d'autres qui trouvent leur solution dans le même principe; par exemple, d'où vient la diversité des races sur la terre? — Y a-t-il des races rebelles au progrès? — — La race nègre est-elle susceptible d'atteindre le niveau des races européennes? — L'esclavage est-il utile au progrès des races inférieures? — Comment peut s'opérer la transformation de l'humanité? — (*Liv. des Esprits : Loi du progrès,* n° 776 et suiv. — *Revue spirite,* 1862, p. 1 : *Doctrine des anges déchus.* — *Id.,* 1862, p. 97 : *Perfectibilité de la race nègre*).

L'HOMME APRÈS LA MORT

144. *Comment s'opère la séparation de l'âme et du corps? S'opère-t-elle brusquement ou graduellement?*

Le dégagement s'opère graduellement et avec une lenteur variable, selon les individus et les circonstances de la mort. Les liens qui unissent l'âme au corps ne se rompent que peu à peu, et d'autant moins rapidement que la vie a été plus matérielle et plus sensuelle (*Livre des Esprits,* n° 155).

145. *Quelle est la situation de l'âme immédiatement après la mort du corps? A-t-elle instantanément la* *conscience d'elle-même? En un mot, que voit-elle? Qu'éprouve-t-elle?*

Au moment de la mort, tout est d'abord confus; il faut à l'âme quelque temps pour se reconnaître; elle est comme étourdie, et dans l'état d'un homme sortant d'un profond sommeil et qui cherche à se rendre compte de sa situation. La lucidité des idées et la mémoire du passé lui reviennent à mesure que s'efface l'influence de la matière dont elle vient de se dégager, et que se dissipe l'espèce de brouillard qui obscurcit ses pensées.

La durée du trouble qui suit la mort est très variable, il peut être de quelques heures seulement, comme de plusieurs jours, de plusieurs mois, et même de plusieurs années. Il est le moins long chez ceux qui se sont identifiés de leur vivant avec leur état futur, parce qu'ils comprennent immédiatement leur situation; il est d'autant plus long que l'homme a vécu plus matériellement.

La sensation que l'âme éprouve à ce moment est aussi très variable; le trouble qui suit la mort n'a rien de pénible pour l'homme de bien; il est calme et en tout semblable à celui qui accompagne un réveil paisible. Pour celui dont la conscience n'est pas pure et qui s'est plus attaché à la vie corporelle qu'à la vie spirituelle, il est plein d'anxiété et d'angoisses qui augmentent à mesure qu'il se reconnaît: car alors il est saisi de crainte et d'une sorte de terreur en présence de ce qu'il voit, et surtout de ce qu'il entrevoit.

La sensation qu'on pourrait appeler physique est celle d'un grand soulagement et d'un immense bienêtre; on est comme délivré d'un fardeau, et l'on est tout heureux de ne plus ressentir les douleurs corporelles que l'on éprouvait peu d'instants auparavant, de se sentir libre, dégagé et alerte comme celui auquel on viendrait d'enlever de lourdes chaînes.

Dans sa nouvelle situation, l'âme voit et entend ce qu'elle voyait et entendait avant la mort, mais elle voit et entend de plus des choses qui échappent à la grossièreté des organes corporels ; elle a des sensations et des perceptions qui nous sont inconnues (*Revue spirite*, 1859, page 244 : *Mort d'un spirite. — Id.*, 1860, page 332 : *Le reveil de l'Esprit. — Id.*, 1862, pages 129 et 171 : *Obsèques de M. Sanson*).

Remarque. Ces réponses, et toutes celles qui sont relatives à la situation de l'âme après la mort ou pendant la vie, ne sont pas le résultat d'une théorie ou d'un système, mais d'études directes faites sur des milliers de sujets observés dans toutes les phases et à toutes les périodes de leur existence spirituelle, depuis le plus bas jusqu'au plus haut degré de l'échelle, selon leurs habitudes pendant la vie terrestre, leur genre de mort, etc. On dit souvent en parlant de la vie future, qu'on ne sait pas ce qui s'y passe, parce que personne n'en est revenu ; c'est une erreur, puisque ce sont précisément ceux qui s'y trouvent qui viennent nous en instruire, et Dieu le permet aujourd'hui plus qu'à aucune autre époque, comme dernier avertissement donné à l'incrédulité et au matérialisme.

146. *L'âme qui a quitté le corps voit-elle Dieu?*

Les facultés perceptives de l'âme sont proportionnées à son épuration ; il n'est donné qu'aux âmes d'élite de jouir de la présence de Dieu.

147. *Si Dieu est partout, pourquoi tous les Esprits ne peuvent-ils le voir?*

Dieu est partout, parce qu'il rayonne partout, et on peut dire que l'univers est plongé dans la divinité, comme nous sommes plongés dans la lumière solaire ; mais les Esprits arriérés sont environnés d'une sorte de brouillard qui le dérobe à leurs yeux, et ne se dissipe qu'à mesure qu'ils s'épurent et se dématérialisent. Les Esprits inférieurs sont, pour la vue, par rapport à Dieu, ce que les incarnés sont par rapport aux Esprits, de véritables aveugles.

148. *Après la mort, l'âme a-t-elle la conscience de son individualité; comment la constate-t-elle, et comment pouvons-nous la constater?*

Si les âmes n'avaient plus leur individualité après la mort, ce serait pour elles et pour nous absolument comme si elles n'existaient pas, et les conséquences morales seraient exactement les mêmes; elles n'auraient aucun caractère distinctif, et celle du criminel serait au même rang que celle de l'homme de bien, d'où résulterait qu'on n'aurait nul intérêt à faire le bien.

L'individualité de l'âme est mise à découvert d'une manière pour ainsi dire matérielle, dans les manifestations spirites, par le langages et les qualités propres à chacune; puisqu'elles pensent et agissent d'une manière différente, que les unes sont bonnes et les autres mauvaises, les unes savantes et les autres ignorantes, que les unes veulent ce que d'autres ne veulent pas, c'est la preuve évidente qu'elles ne sont pas confondues dans un tout homogène, sans parler dés preuves patentes qu'elles nous donnent d'avoir animé tel ou tel individu sur la terre. Grâce au spiritisme expérimental, l'individualité de l'âme n'est plus une chose vague, mais un résultat d'observation.

L'âme constate elle-même son individualité, parce qu'elle a sa pensée et sa volonté propres, distinctes de celles des autres; elle la constate encore par son enveloppe fluidique ou périsprit, sorte de corps limité qui en fait un être séparé.

Remarque. Certaines personnes croient échapper au reproche de matérialisme en admettant un principe intelligent universel, dont nous absorbons une partie en naissant, ce qui constitue l'âme, pour le rendre après la mort à la masse commune, où elles se confondent comme les gouttes d'eau dans l'Océan. Ce système, sorte de transaction, ne mérite même pas le nom de *spiritualisme*, car il est aussi désespérant que le matérialisme; le réservoir commun du tout universel équivaudrait au néant. puisqu'il n'y aurait plus d'individualités.

149. *Le genre de mort influe-t-il sur l'état de l'âme?*

L'état de l'âme varie considérablement selon le genre de mort, mais surtout selon la nature des habitudes pendant la vie. Dans la mort naturelle, le dégagement s'opère graduellement et sans secousse ; il commence même souvent avant que la vie soit éteinte. Dans la mort violente par supplice, suicide ou accident, les liens sont brusquement rompus ; l'Esprit, surpris à l'improviste, est comme étourdi du changement qui s'est opéré en lui, et ne s'explique pas sa situation. Un phénomène à peu près constant en pareil cas, c'est la persuasion ou il est de n'être pas mort, et cette illusion peut durer plusieurs mois, et même plusieurs années. Dans cet état, il va, vient, et croit vaquer à ses affaires comme s'il était encore de ce monde, fort étonné qu'on ne lui réponde pas quand il parle. Cette illusion n'est pas exclusivement le cas des morts violentes ; on la rencontre chez beaucoup d'individus dont la vie a été absorbé par les jouissances ou les intérêts matériels. (*Livre des Esprits*, n° 165. — *Revue spirite*, 1858, page 166 : *Le suicidé de la Samaritaine.* — *Id.*, 1858, page 326 : *Un esprit au convoi de son corps.* — *Id.*, 1859, page 184. — *Le Zouave de Magenta.* — *Id.*, 1859, page 319 : *Un Esprit qui ne se croit pas mort.* — *Id.*, 1863, p. 97 : *François Simon Louvet.*)

150. *Où l'âme va-t-elle après avoir quitté le corps ?*

Elle ne se perd point dans l'immensité de l'infini, ainsi qu'on se le figure généralement ; elle erre dans l'espace, et le plus souvent au milieu de ceux qu'elle a connus, et surtout de ceux qu'elle a aimés, tout en pouvant se transporter instantanément à des distances immenses.

151. *L'âme conserve-t-elle les affections qu'elle avait sur la terre?*

Elle conserve toutes les affections morales; elle n'oublie que les affections matérielles qui ne sont plus de son essence; c'est pourquoi elle vient avec bonheur revoir ses parents et ses amis, et elle est heureuse de leur souvenir (*Revue spirite*, 1860, page 202 : *Les amis ne nous oublient pas dans l'autre monde. II — Id.*, 1862, page 132.)

152. *L'âme conserve-t-elle le souvenir de ce qu'elle a fait sur la terre; s'intéresse-t-elle aux travaux qu'elle a laissés inachevés?*

Cela dépend de son élévation et de la nature de ses travaux. Les Esprits dématérialisés se préoccupent peu des choses matérielles dont ils sont heureux d'être délivrés. Quand aux travaux qu'ils ont commencés, selon leur importance et leur utilité, ils inspirent quelquefois à d'autres la pensée de les terminer.

153. *L'âme retrouve-t-elle dans le monde des Esprits ceux de ses parents et amis qui l'on précédée?*

Non seulement elle les retrouve, mais elle en retrouve bien d'autres qu'elle avait connus dans ses précédentes existences. Généralement, ceux qui l'affectionnent le plus viennent la recevoir à son arrivée dans le monde des Esprits, et l'aident à se dégager des liens terrestres. Cependant, la privation de la vue des âmes les plus chères est quelquefois une punition pour celles qui sont coupables.

154. *Quel est, dans l'autre vie, l'état intellectuel et moral de l'âme de l'enfant mort en bas âge? Ses facultés sont-elles dans l'enfance, comme pendant la vie?*

Le développement incomplet des organes de l'enfant ne permettait pas à l'Esprit de se manifester complètement; dégagé de cette enveloppe, ses facultés sont ce qu'elles étaient avant son incarnation. L'Esprit n'ayant fait que passer quelques instants dans la vie, ses facultés n'ont pu se modifier.

Remarque. Dans les communications spirites, l'Esprit d'un enfant peut donc parler comme celui d'un adulte, car ce peut être un Esprit très avancé. S'il prend quelquefois le langage enfantin, c'est pour ne pas ôter à la mère le charme qui s'attache à l'affection d'un être frêle et délicat, et paré des grâces de l'innocence (*Revue spirite,* 1858, page 17 : *Mère! je suis là*).

La même question pouvant être faite sur l'état intel-lectuel de l'âme des crétins, des idiots et des fous après la mort, elle trouve sa solution dans ce qui précède.

155. *Quelle différence y a-t-il, après la mort, entre l'âme du savant et de l'ignorant, du sauvage et de l'homme civilisé?*

La même différence, à peu de chose près, qui existait entre elles pendant la vie; car l'entrée dans le monde des Esprits ne donne pas à l'âme toutes les connaissances qui lui manquaient sur la terre.

156. *Les âmes progressent-elles intellectuellement et moralement après la mort?*

Elles progressent plus ou moins, selon leur volonté, et quelques-unes progressent beaucoup; mais elles ont besoin de mettre en pratique, pendant la vie corporelle, ce qu'elles ont acquis en science et en moralité. Celles qui sont restées stationnaires reprennent une existence analogue à celle qu'elles ont quittée; celles qui ont progressé méritent une incarnation d'un ordre plus élevé.

Le progrès étant proportionné à la volonté de l'Esprit, il en est qui conservent pendant longtemps les goûts et les penchants qu'ils avaient pendant la vie, et qui poursuivent les mêmes idées (*Revue spirite,* 1858, page 82 : *La reine d'Oude. — Id.,* page 145 : *L'Esprit et les héritiers. — Id.,* page 186 : *Le tambour de la Bérésina. — Id.,* 1859, page 344 : *Un an-*

cien charretier. — *Id.*, 1860, page 325 : *Progrès des Esprits.* — *Id.*, 1861, page 126 : *Progrès d'un Esprit pervers*).

157. *Le sort de l'homme, dans la vie future, est-il irrévocablement fixé après la mort?*

La fixation irrévocable du sort de l'homme après la mort serait la négation absolue de la justice et de la bonté de Dieu, car il y en a beaucoup de qui il n'a pas dépendu de s'éclairer suffisamment, sans parler des idiots, des crétins et des sauvages, et des innombrables enfants qui meurent avant d'avoir entrevu la vie. Parmi les gens éclairés même, en est-il beaucoup qui puissent se croire assez parfaits pour être dispensés de rien faire de plus, et n'est-ce pas une preuve manifeste que Dieu donne de sa bonté, de permettre à l'homme de faire le lendemain ce qu'il n'a pu faire la veille? Si le sort est irrévocablement fixé, pourquoi les hommes meurent-ils à des âges si différents, et pourquoi Dieu, dans sa justice, ne laisse-t-il pas à tous le temps de faire le plus de bien possible ou de réparer le mal qu'ils ont fait? Qui sait si le coupable qui meurt à trente ans ne se serait pas repenti, et ne serait pas devenu un homme de bien s'il eût vécu jusqu'à soixante ans? Pourquoi Dieu lui en ôte-t-il le moyen, tandis qu'il l'accorde à d'autres? Le fait seul de la diversité de durée de la vie, et de l'état moral de la grande majorité des hommes, prouve l'impossibilité, si l'on admet la justice de Dieu, que le sort de l'âme soit irrévocablement fixé après la mort.

158. *Quel est, dans la vie future, le sort des enfants qui meurent en bas âge?*

Cette question est une de celles qui prouvent le mieux la justice et la nécessité de la pluralité des existences. Une âme qui n'aurait vécu que quelques instants, n'ayant fait ni bien ni mal, ne mériterait ni récompense ni punition; d'après la maxime du Christ, que *chacun est puni ou récompensé selon ses œuvres,* il serait aussi illogique que contraire à la justice de Dieu d'admettre que, sans travail, elle fût appelée à jouir du bonheur parfait des anges, ou qu'elle pût en être privée, *et pourtant elle doit avoir un sort quelconque;* un état mixte, pour l'éternité, serait tout aussi injuste. Une existence interrompue dès son principe ne pouvant donc avoir aucune conséquence pour l'âme, son sort actuel est celui qu'elle a mérité dans sa précédente existence, et son sort futur celui qu'elle méritera par ses existences ultérieures.

159. *Les âmes ont-elles des occupations dans l'autre vie? s'occupent-elles d'autres choses que de leurs joies ou de leurs souffrances?*

Si les âmes ne s'occupaient que d'elles-mêmes pendant l'Eternité, ce serait de l'égoïsme, et Dieu, qui condamne l'égoïsme, ne saurait approuver dans la vie spirituelle ce qu'il punit dans la vie corporelle. Les âmes ou Esprits ont des occupations en rapport avec leur degré d'avancement, en même temps qu'ils cherchent à s'instruire et à s'améliorer (*Livre dès Esprits,* n° 558 : *Occupations et missions des Esprits*).

160. *En quoi consistent les souffrances de l'âme après la mort? Les âmes coupables sont-elles torturées dans les flammes matérielles?*

L'Eglise reconnaît parfaitement aujourd'hui que le feu de l'Enfer est un feu moral et non un feu matériel, mais elle ne définit pas la nature des souffrances. Les communications spirites les mettent sous nos yeux; par ce moyen, nous pouvons les apprécier et nous convaincre que, pour n'être pas le résultat d'un feu matériel, qui ne saurait en effet brûler des âmes immatérielles, elles n'en sont pas moins terribles dans certains cas. Ces peines ne sont point uniformes; elles varient à l'infini, selon la nature et le degré des fautes commises, et ce sont presque toujours ces fautes mêmes qui servent au châtiment : c'est ainsi que certains meurtriers sont astreints à rester sur le lieu du crime et à avoir sans cesse leurs victimes sous les yeux; que l'homme aux goûts sensuels et matériels conserve ces mêmes goûts, mais l'impossibilité de les satisfaire matériellement est pour lui une torture; que certains avares croient souffrir le froid et les privations qu'ils ont endurés pendant la vie par avarice; d'autres restent auprès des trésors qu'ils ont enfouis et sont dans des transes perpétuelles par la crainte qu'on ne les leur enlève; en un mot, il n'y a pas un défaut, pas une imperfection morale, pas une mauvaise action qui n'ait, dans le monde des Esprits, sa contre-partie et ses conséquences naturelles; et, pour cela, il n'est pas besoin d'un lieu déterminé et circonscrit : partout où il se trouve, l'Esprit pervers porte son enfer avec lui.

Outre les peines spirituelles, il y a les peines et les épreuves matérielles que l'Esprit, qui ne s'est pas épuré, subit dans une nouvelle incarnation, où il est placé dans une position à endurer ce qu'il a fait endurer aux autres : à être humilié s'il a été orgueilleux, misérable s'il a été mauvais riche, malheureux par ses enfants s'il a été mauvais fils, etc. La terre, comme nous l'avons dit, est un des lieux d'exil et d'expiation, *un purgatoire*, pour les Esprits de cette nature, et dans lequel il dépend de chacun de ne pas revenir, en s'améliorant assez pour mériter d'aller dans un monde meilleur (*Livre des Esprits*, n° 237 : *Perceptions, sensations et souffrances des Esprits. — Id.*, livre 4° : *Espérances et consolations; peines et jouissances futures. — Revue spirite*, 1858, page 79 : *L'assassin Lemaire. — Id.*, 1858, page 166 : *Le suicidé de la Samaritaine. — Id.*, 1858, page 331; *Sensations des Esprits. — Id.*, 1859, page 275 : *Le père Crépin. — Id.*, 1860, page 61 : *Estelle Régnier. — Id.*, 1860, page 247 : *Le suicidé de la rue Quincampoix. — Id.* 1860, page 316 : *Le Châtiment. — Id.*, 1860, p. 325 : *Entrée d'un coupable dans le monde des Esprits. — Id.*, 1860, page 384 : *Châtiment de l'égoïste. — Id.*, 1861, page 53 : *Suicide d'un athée. — Id.*, 1861, p. 270 : *La peine du talion.*)

161. *La prière est-elle utile pour les âmes souffrantes?*

La prière est recommandée par tous les bons Esprits; elle est en outre demandée par les Esprits imparfaits comme un moyen d'alléger leurs souffrances. L'âme pour laquelle on prie en éprouve du soulagement, parce que c'est un témoignage d'intérêt, et que le malheureux est toujours soulagé quand il trouve des cœurs charitables qui compatissent à ses douleurs. D'un autre côté, par la prière on l'excite au repentir et au désir de faire ce qu'il faut pour être heureux; c'est en ce sens qu'on peut abréger sa peine, si, de son côté, il seconde par sa bonne volonté. (*Livre des Esprits*, n° 664. — *Revue spirite*, 1859, p. 315 : *Effets de la prière sur les Esprits souffrants.*)

162. *En quoi consistent les jouissances des âmes heureuses? Passent-elles l'éternité en contemplation?*

La justice veut que la récompense soit proportionnée au mérite, comme la punition à la gravité de la faute; il y a donc des degrés infinis dans les jouissances de l'âme, depuis l'instant où elle entre dans la voie du bien jusqu'à ce qu'elle ait atteint la perfection.

Le bonheur des bons Esprits consiste à connaître

toutes choses, à n'avoir ni haine, ni jalousie, ni envie, ni ambition, ni aucune des passions qui font le malheur des hommes. L'amour qui les unit est pour eux la source d'une suprême félicité. Ils n'éprouvent ni les besoins, ni les souffrances, ni les angoisses de la vie matérielle. Un état de contemplation perpétuelle serait un bonheur stupide et monotone; ce serait celui de l'égoïste, puisque leur existence serait une inutilité sans terme. La vie spirituelle est, au contraire, une activité incessante par les missions que les Esprits reçoivent de l'Etre suprême, comme étant ses agents dans le gouvernement de l'univers; missions qui sont proportionnées à leur avancement, et dont ils sont heureux, parce qu'elles leur fournissent les occasions de se rendre utiles et de faire le bien. (*Livres des Esprits*, n° 558 : *Occupations et missions des Esprits, — Revue spirite*, 1860, pages 321 et 322. *Les purs Esprits; le séjour des bienheureux. — Id.*, 1861, page 179 : *Madame Gourdon.*)

Remarque. Nous invitons les adversaires du spiritisme, et ceux qui n'admettent pas la réincarnation, à donner des problèmes ci-dessus une solution plus logique par tout autre principe que celui de la pluralité des existences

FIN

TABLE DES MATIÉRES

Institut Métapsychique International

Reconnu d'Utilité publique

89, Avenue Niel, PARIS (XVIIᵉ) -- Tél. Wagram 65-48

L'Institut Métapsychique poursuivra sous la direction du Dʳ Geley, les recherches scientifiques relatives à tous les phénomènes d'ordre psychique qui se produiront soit en France, soit à l'étranger, car, là seront centralisées les découvertes résultant des études faites dans toutes les parties du monde. Le comité de l'Institut comprend des savants éminents tels que M. le Professeur Charles Richet, Membre de l'Académie de Médecine et de l'Académie des Sciences. M. Flammarion, astronome, M. de Gramont de l'Académie des Sciences, M. le professeur Santoliquido, Conseiller d'Etat, M. le professeur Teissier, de la faculté de Lyon, M. le Dʳ Calmette, M. Jules Roche, ancien ministre, M. Gabriel Delanne, psychiste. De telles autorités scientifiques sont la meilleure garantie des résultats qu'on peut attendre de cette fondation, pour fournir les preuves scientifiques de la Survie.

L'Institut admet :

1° Des Membres adhérents (cotisation annuelle minima de 25 francs) ;

2° Des Membres honoraires (cotisation annuelle minima de 50 francs) ;

3° Des membres bienfaiteurs (versement d'au moins 500 francs une fois donnés).

Pour tous renseignements complémentaires, s'adresser à M. le Dʳ Gustave Geley, directeur de l'Institut, 89, avenue Niel, Paris (17ᵉ).

LIBRAIRIE DES SCIENCES PSYCHIQUES

PAUL LEYMARIE, Éditeur

42, Rue Saint-Jacques, 42 — PARIS (Vᵉ)

ŒUVRES DE CAMILLE FLAMMARION

La Pluralité des Mondes habités (41ᵉ mille)........ 5 »
Dieu dans la Nature (30ᵉ mille).................... 5 »
Récits de l'Infini (16ᵉ mille)..................... 5 »
L'Inconnu et les Problèmes Psychiques (2 vol.).... 10 »
Les Forces naturelles inconnues (2 vol.).......... 10 »
Mémoires Biographiques et Philosophiques d'un as-
  tronome (Tome I)............................... 5 »
Uranie (Roman sidéral)............................ 5 »
Stella (Roman sidéral)............................ 5 »
La Fin du Monde (16ᵉ mille)....................... 5 »
Les derniers jours d'un philosophe................ 5 »
Les mondes imaginaires et les mondes réels....... 5 »
Lumen (Édition définitive)........................ 2 »
La Mort et son mystère (avant la mort)............ 6 »

ŒUVRES DE GABRIEL DELANNE

Recherches sur la médiumnité...................... 4 20
L'Ame est immortelle.............................. 4 20
Le Spiritisme devant la Science................... 4 20
Les Phénomènes spirites (témoignage des savants).. 2 40
L'Évolution animique (Essais de psychologie physio-
  logique)....................................... 4 20
Les Apparitions matérialisées des Vivants et des
  Morts.
Vol. I. — *Les fantômes des Vivants* (illustré) 7 20
Vol. II. — *Les apparitions des Morts* (illustré) ..... 12 »

*Pour les frais d'envoi ajouter en sus du prix de la com-
mande, 10 °/₀ pour la France, 20 °/₀ pour l'étranger.*

LIBRAIRIE DES SCIENCES PSYCHIQUES

PAUL LEYMARIE

42, rue Saint-Jacques, PARIS (Vᵉ)

Librairie des Sciences Psychiques

PAUL LEYMARIE, Éditeur

42, rue Saint-Jacques, 42 — PARIS (Vᵉ)

Métro : Saint-Michel ou Odéon.

LA ROCHE-SUR-YON. — IMPRIMERIE CENTRALE DE L'OUEST